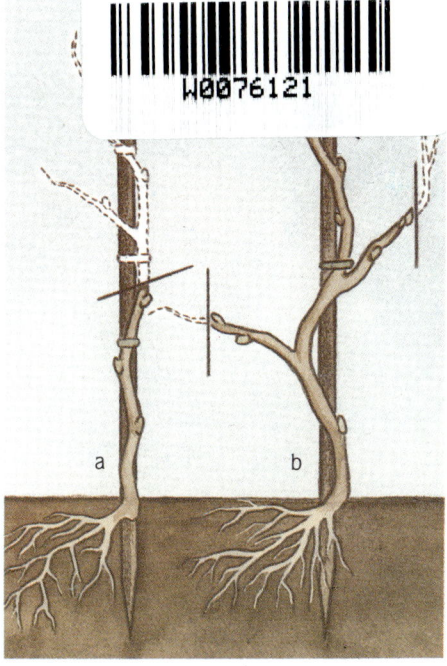

a   b

FALKEN-BIOTHEK

Ingrid Gabriel

Obst und Beeren im Biogarten

Gesunde und schmackhafte Früchte
durch natürlichen Anbau

FALKEN
VERLAG

Von der gleichen Autorin sind in dieser
Reihe erschienen:
„So wird mein Garten zum Biogarten",
„Gesunde Pflanzen im Biogarten",
„Der Biogarten unter Glas und Folie",
„Neuanlage eines Biogartens",
„Der biologische Zier- und Wohngarten"
„Kosmische Einflüsse auf
unsere Gartenpflanzen"

CIP-Kurztitelaufnahme der Deutschen
Bibliothek

Gabriel, Ingrid:
Obst und Beeren im Biogarten:
gesunde u. schmackhafte Früchte
durch natürl. Anbau/
Ingrid Gabriel. – Niedernhausen/Ts.:
Falken-Verlag, 1986.
(Falken-Bücherei) (Falken-Biothek)
ISBN 3-8068-0780-9

ISBN 3 8068 0780 9

© 1986 by Falken-Verlag GmbH,
6272 Niedernhausen/Ts.
Titelbild: Ingrid Gabriel, Wiesbaden-Naurod
Fotos: Ingrid Gabriel, Wiesbaden-Naurod;
Ruth Matthias, Wiesbaden-Naurod:
S. 23 o.; Reinhard-Tierfoto, Heiligkreuz-
steinach-Eiterbach: S. 8; Joachim Zech,
Landau: S. 78
Zeichnungen: Ingrid Gabriel und Ina Zeitter
Die Ratschläge in diesem Buch sind von
Autor und Verlag sorgfältig erwogen und
geprüft, dennoch kann eine Garantie
nicht übernommen werden. Eine Haftung
des Autors bzw. des Verlages und seiner
Beauftragten für Personen-, Sach- und
Vermögensschäden ist ausgeschlossen.
Satz: LibroSatz, Kriftel bei Frankfurt
Druck: Offset Team Zumbrink KG,
4902 Bad Salzuflen

817 2635 4453 6271

Inhalt

Einführung

Pflanzen erfreuen uns durch ihre Formen und Farben, durch Grünen und Blütenpracht. Sie haben nicht nur die Aufgabe, ihren Duft in die Weiten der Atmosphäre zu schicken oder aus Kohlendioxid Sauerstoff zu machen, damit Tiere und Menschen atmen können, sondern sie sind auch nährende und heilende Lebensgefährten des Menschen.

Die Verwandlung der Pflanze vom Samenkorn zum Keimling, zum grünenden Sproß, der schließlich Blätter hervorbringt und später Blüten, aus denen sich endlich die Früchte entwickeln, die Samenkörner in sich heranreifen lassen, zeigt die Möglichkeiten, die in der Pflanze liegen.

Wie an einjährigen Pflanzen am besten zu beobachten ist, scheinen es genau die gleichen Samenkörner zu sein wie das eine, aus dem sich die Pflanze entwickelte. Sie bringen auch eine vergleichbare neue Pflanze hervor, aber es liegt ein Jahr der Erfahrung zwischen dem Samenkorn, aus dem die Pflanze hervorging, und den Samenkörnern, die diese Pflanze aus ihren Früchten für die nächste Saat entläßt.

Die Einflüsse, denen die Pflanzen während eines Jahres ausgesetzt sind, sind mit keinem Jahr vorher oder nachher vergleichbar. Denn niemals ist das Wetter genau dasselbe, auch verlaufen die kosmischen Konstellationen nie so wie in irgendeinem anderen Jahr, weil die Umlaufzeiten von Mond, Erde und den anderen Planeten verschieden lang sind und das ganze Sonnensystem sich durch den Weltraum bewegt.

Kaum bemerkbare Veränderungen an der nächstjährigen Pflanze spiegeln die Einflüsse des vergangenen Jahres. Mal wächst aus dem Samenkorn, in das gewissermaßen das Siegel seines Entstehungsjahres eingedrückt ist, eine gedrungenere Pflanze, ein andermal ist alles an der Tochterpflanze in die Länge gezogen. Sie kann mehr oder weniger Blüten oder größere Früchte haben als die Mutterpflanze.

Diese so reich veranlagten Möglichkeiten versetzten den Menschen in die Lage, aus Wildpflanzen Kulturpflanzen zu entwikkeln. Im 3. Jahrtausend vor der Zeitenwende wurde besonders intensiv an der Verwandlung der Wildpflanzen in Kulturpflanzen in Zusammenhang mit kosmischen Einflüssen gearbeitet. So sind fast alle unsere Kulturpflanzen bis in diese Zeit zurückzuverfolgen, während die heutige Pflanzenzüchtung mehr auf das Herausarbeiten neuer Sorten durch Kreuzung oder Klonen hinausläuft.

Während bei der Kreuzung von zwei Pflanzensorten oder auch -arten (zum Beispiel Schwarze Johannisbeere mit Stachelbeere = Jostabeere) bei den Nachkommen neue Eigenschaften hervortreten, die nicht genau vorausberechnet werden können, wird beim Klonen eine Pflanze, deren Eigenschaften den Erwartungen des Züchters entsprechen, vegetativ vermehrt, beispielsweise durch Stecklinge oder Blätter.

Blühender Apfelbaum

Diese ungeschlechtliche Vermehrung bringt, im Gegensatz zur geschlechtlichen, Pflanzen hervor, die dieselben Eigenschaften haben wie die Ausgangspflanze.

Vor vier bis fünf Jahrtausenden ging es erst einmal darum, bei Wildpflanzen bestimmte Eigenschaften zu verstärken. Besonders Teile der Pflanzen, die der menschlichen Ernährung dienten, sollten vergrößert werden. So wurden aus Wildgräsern Getreidepflanzen, aus Wildkräutern Gemüsepflanzen, aus Bäumen mit kleinen verholzten Früchten edle Obstarten.

Sobald eine Pflanze Kulturpflanze wird, begleitet sie den Menschen und sein Schicksal. Durch die Getreidepflanze wurde der Mensch seßhaft. Man kann geradezu von einer Kulturmission einzelner Pflanzen sprechen, die mit bestimmten Kulturstufen der Menschheit eng verbunden sind. Solche Gewächse verlassen mit den Völkern den Boden, der sie hervorbrachte, und verbreiten sich über Kontinente und sogar über die ganze Erde. Sie werden zu Weltbürgern, eine Eigenschaft, die sie heute vielen Menschen bereits voraushaben, die aber doch gefühlsmäßig bei einer großen Anzahl von Menschen veranlagt ist und auch ausgelebt wird, wenn es um die Verantwortung für Erde und Menschheit geht.

Obstanbau gestern und heute

Die uns hier besonders interessierenden Obstbäume und Beerensträucher spielen in der Menschheitsentwicklung eine hervorragende Rolle. Sie sind auf Kunstwerken dargestellt, die in weit zurückliegenden Zeiten entstanden sind, und auch auf solchen aus der näheren Vergangenheit und unmittelbaren Gegenwart. Daraus kann geschlossen werden, wie wichtig Früchte für den Menschen sind.

Früchte erfüllen unter den Kulturpflanzen eine doppelte Aufgabe; sie ernähren den Menschen und löschen seinen Durst. Das machte sie auf Wanderungen durch wasserarme Gebiete schon immer unentbehrlich. Oft entschieden sie sogar über Leben und Tod.

Dazu kommt, daß alle Früchte heilende Wirkungen auf den Menschen haben. Das ist zum Teil ihrer verhältnismäßig hohen Konzentration an Vitaminen und Spurenelementen zu verdanken.

Aus diesen vielfältigen Aufgaben wird auch verständlich, daß in Mythen und Märchen Obst und Beeren eine bedeutende Rolle spielen und vor allem der Wein an religiösen Kulten beteiligt ist.

Die Weinrebe ist bereits auf ägyptischen Felsenbildern zu finden, auf denen Anbau, Ernte und Keltern dargestellt sind. In etwa dieselbe Zeit fällt die Geschichte von der Trunkenheit des Noah im Alten Testament. Dieser Frucht, die sich leicht vergären läßt, kam damals eine wichtige Aufgabe in der Menschheitsentwicklung zu. Der noch mehr mit einem Sippenbewußtsein lebende Mensch erlangte durch das alkoholische Getränk ein Kraft- und Selbstgefühl, das ihn stärker auf sich selbst konzentrierte. Die bis dahin noch allgemein vorhandene „Hellsichtigkeit", die den Menschen davon ein Bewußtsein gab, was die Urväter einst erlebt hatten, und auch Einblicke in geistige Bereiche ermöglichte, mußte zugunsten der Eigenerfahrung und dem Erleben der physischen Welt geopfert werden.

Nun ist aber die Stufe der Individualisierung des einzelnen Menschen längst erreicht und droht in krassen Egoismus umzuschlagen. Wein und jeder andere Alkohol auch, der einstmals eine Hilfe für den Menschen war, vermindert heute die Reaktionsfähigkeit, die Schärfe der Sinne, schwächt die Erlebnisfähigkeit für den anderen Menschen, für das Du, er wirkt antisozial. Dagegen ist eine Traubenkur mit frischen Trauben oder Traubensaft heilsam. Sie fördert die Blutbildung und wirkt der Blutarmut entgegen. Die Weinrebe ist vor Urzeiten aus einer Auenliane, die heute noch in den Flußauen Vorderasiens, Südeuropas, bis zur Donau

und im Rheintal vorkommt, zu dem Edel-
gewächs herangezüchtet worden, das wir
heute kennen. Aus dem warmen Mittel-
meerraum brachten die Römer diese Rebe
über die Alpen, doch erst im Mittelalter, als
sich vor allem Mönche in den Klostergärten
und auch Fürsten der Rebenzucht widme-
ten, erreichte der Wein auch nördlich der
Alpen erstaunliche Erträge und erlesene
Qualität.

In der Odyssee erfahren wir von Homer,
daß nicht nur Wein den Garten des Königs
der Phäaken, Alkinoos, zierte. Der Held der
griechischen Frühzeit (etwa 8. Jh. vor
Christi) fand dort auf seiner Irrfahrt neben
Wein in üppiger Fülle Apfel- und Birnbäume. Und auch der Vater von Odysseus,
König Laërtes, hatte auf der Insel Ithaka
einen obstreichen Garten. Er erkannte
seinen totgeglaubten Sohn daran wieder,
daß dieser ihm die Obstbäume mit Namen
nannte, die er einst dem Knaben Odysseus
geschenkt hatte.

Daß Äpfel und Birnen schon damals in verschiedenen Sorten gezüchtet und mit
Namen benannt wurden, zeugt davon, daß
die Züchtung schon lange vorher einen
hohen Stand erreicht hatte, man bedenke,

Birnen

Weinkelter, dargestellt auf einem Kapitell aus
der Kirche in Vézelay (Burgund)

mehr als vier bis fünf Jahrhunderte, bevor
Sokrates (470/69–399 v. Chr.), Plato
(427–347 v. Chr.) und Aristoteles (384–
322 v. Chr.) gelebt haben. Sie waren es,
denen das Denken überhaupt erst bewußt
geworden ist und die es dann für die ganze
Menschheit entwickelten.

Da muß es doch befremdend anmuten, daß
solche Obstzüchtungen schon in vollende-
ter Form vorhanden waren. Woher stamm-
ten sie? Die Apfelbäume kamen, das ist
bekannt, aus dem Kaukasus, und dort
waren Mysterienstätten, die auch von griechischen Helden aufgesucht wurden, wie
die Argonautensage bezeugt.

Der Zwergapfel (Malus pumila), der im Kaukasus überall in Buschform wächst, und der
auch bei uns in den Wäldern vorkommende
Holzapfel (Malus sylvestris) sind vermutlich
die Ausgangsformen.

Auch die Römer kannten schon viele Kultursorten, die sie in Gallien und Germanien
einführten. Ihre Sämlinge und Kreuzungen
mit Sorten aus dem Orient ergaben im
Laufe der Jahrhunderte die in Europa ange-
bauten Sorten.

Die Bäume wurden aus Kernen gezogen
und ergaben jedesmal Überraschungen,

'Roter Gravensteiner'

wenn sie nach Jahren des Heranziehens die ersten Früchte brachten. Häufig waren sie kleinfrüchtig und nicht als Nahrung geeignet. Die von dem Augustinerabt Gregor Johann Mendel (1822–1884) entdeckten und im Jahre 1900 wiederentdeckten, durch die Gentechnik bestätigten Vererbungsgesetze erklären, daß praktisch aus jedem Samenkern eine neue Sorte entstehen konnte.

So gab es unter den Züchtungen auch großfrüchtige, wohlschmeckende Sorten. Man erkannte schon sehr früh, daß man nicht durch generative, sondern durch Veredeln, also vegetative Vermehrung, die Eigenschaften der Sorten bewahrt.

Heute werden Obstbäume und Beerensträucher in Baumschulen herangezogen. Bei Kern-, Steinobst und teilweise auch bei Beerenobst werden sogenannte Edelreiser oder Knospen (Augen) mit einer Unterlage verbunden oder wie bei der Augenveredelung (Okulation) in die Unterlage eingeschlossen, wo dann das edle Teil anwächst. Bei den Unterlagen handelt es sich um robuste Gehölze, die in spezialisierten Unterlagenbaumschulen herangezogen werden. Diese Unterlagen beeinflussen Wuchs und Ertrag des veredelten Baumes. Sie können gegen Witterung und einige Pflanzenkrankheiten widerstandsfähig sein und sich für bestimmte Standorte besonders gut eignen.

Ein Obstgehölz besteht normalerweise aus zwei Teilen: der Unterlage mit Wurzelkrone und Wurzelhals und der Edelsorte, die meist in den Wurzelhals eingewachsen ist.

Als dritter Partner kommt ein Stammbildner in Frage, der bei der Anzucht von Viertel-, Halb- und Hochstämmen eingeschaltet wird, wenn die Edelsorte keinen geraden Stamm bildet, wie zum Beispiel bei dem Apfelbaum 'Jakob Lebel'.

Es gibt starkwüchsige Apfelunterlagen, die als Sämlinge aus Apfelkernen bestimmter Sorten herangezogen werden und erst nach frühestens 12 Jahren einen nennenswerten Ertrag bringen.

Die heutigen Niederstammsorten tragen früh und eignen sich nicht nur für den Erwerbsobstbauer, sondern gerade auch für den kleinen Hausgarten.

Beim Kauf eines Obstbaumes sollte man die gebräuchlichsten Unterlagen kennen, damit der Baum in Wachstum und Ertrag auch den Erwartungen entspricht.

Schnitt durch einen Apfel; in der Mitte Gehäuse mit Kernen

Birnen haben gegenüber dem Apfel einen edler komponierten Geschmack. Vor allem ist der Unterschied im Aroma bei den verschiedenen Birnensorten bedeutend größer als beim Apfel. Dazu kommt, daß der Fruchtzuckergehalt höher liegt und mit den Fruchtsäuren besser abgestimmt ist.

Das vorzügliche Aroma ist sicher auch einer der Gründe, warum sich die Birne neben dem Apfel schon im Altertum großer Beliebtheit erfreute, obwohl die Sommer- und Herbstsorten nur kurze Zeit gelagert werden können. Nur die Wintersorten, die erst Ende Oktober oder sogar erst im November geerntet werden, sind fast so lange haltbar wie Winteräpfel.

Die Kultursorten der Süßkirsche stammen vermutlich aus Vorderasien, während die Heimat des Pfirsichs China ist, wo dieser Obstbaum nachweislich schon vor 4 000 Jahren anzutreffen war. Auch die Aprikose ist in China beheimatet.

Die beiden letztgenannten Obstarten sowie die Nektarine gedeihen am besten in Weinbaugebieten, weil diese Landschaften ihre klimatischen Ansprüche am besten befriedigen. Im Hausgarten außerhalb von Weinbaugebieten sind nur geschützte Stellen an der Südseite des Hauses geeignet. Keine dieser Obstarten verträgt stauende Nässe.

Die Standortansprüche von Pflaumen, Zwetschen, Mirabellen und Renekloden sind dagegen gering. Die Bäume gehören alle zu den Pflaumen und bevorzugen etwas schweren, feuchten Boden. Auf anderen Böden gedeihen sie auch, aber dann sind die Erträge geringer.

Im Gegensatz zu Süßkirschen sind Sauerkirschen robust, langlebig und nicht so starkwüchsig.

Unsere Beeren stammen hauptsächlich aus den einheimischen Waldgebieten, wo sie vor allem Waldränder, Lichtungen und besonnte Wege säumen. Deshalb bevorzugen Erdbeeren, Himbeeren und Brombeeren, die mit anderen Wildsorten gekreuzt

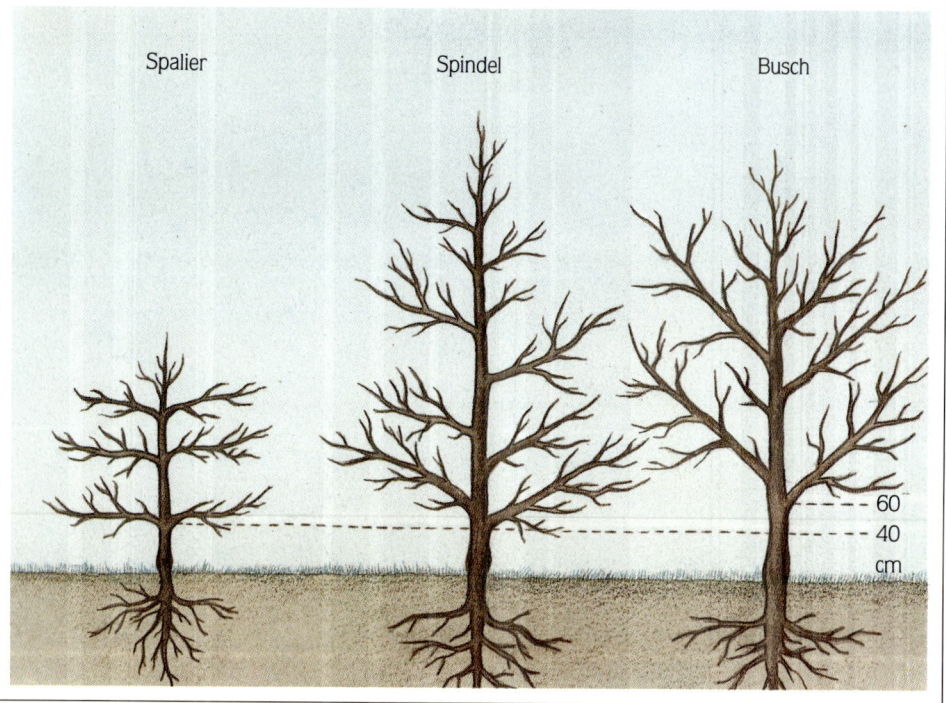

Spalier   Spindel   Busch

--- 60
--- 40
cm

worden sind, einen feuchten, lockeren, humosen und etwas lehmigen Boden, doch keine Staunässe.

Da die Walderdbeere gern an Hängen wächst, gedeiht auch die Gartenerdbeere sehr gut auf kleinen Wällen, was die Früchte davor schützt, auf nassem Boden zu liegen. Auf Erdbeeren darf es auch nicht aus den Zweigen eines Baumes tropfen.

Himbeeren und Brombeeren vertragen da schon eher Schatten, brauchen aber zum Ausreifen der Früchte auch viel Sonne. Die Bodenansprüche der Brombeere sind bescheidener als die der Himbeere.

Unsere Johannisbeere ist im nördlichen Europa bis hinunter zu den Alpen zu Hause und blieb trotzdem bis zum Mittelalter völlig unbeachtet. Wenn man von diesem Steinbrechgewächs im Mittelalter auch bereits rote Sorten kultivierte und auch die weißen beliebt waren, so hat sich die schwarze Johannisbeere erst in diesem Jahrhundert durchgesetzt.

Die Stachelbeere, ein dorniger Wildling, ist in Europa, Nordafrika und Zentralasien beheimatet. Sie ist anspruchsloser als die Johannisbeere und verträgt auch Bäume in ihrer unmittelbaren Nähe.

Während früher auch im Garten Hochstamm- oder Halbstammobstbäume üblich waren, die viel Platz einnahmen und eine Kronenhöhe erreichten, bei der man den größten Teil der Früchte nur mit hohen Leitern erreichte, sind die heute für den Erwerbsanbau gezüchteten Busch-, Spalier- und Spindelkulturformen auch für den Hausgarten die geeigneteren. Sie sind niedrig, können also bequemer geerntet werden und brauchen nicht so viel Platz.

Die Süßkirsche hat meist noch starkwachsende Unterlagen, die zu hohen und großkronigen Bäumen führen. Aber auch bei der Süßkirsche besteht die Möglichkeit, vom Boden aus alle Früchte zu erreichen, wenn man die inzwischen gut erprobte Methode Bouché-Thomas, System Barka, anwen-

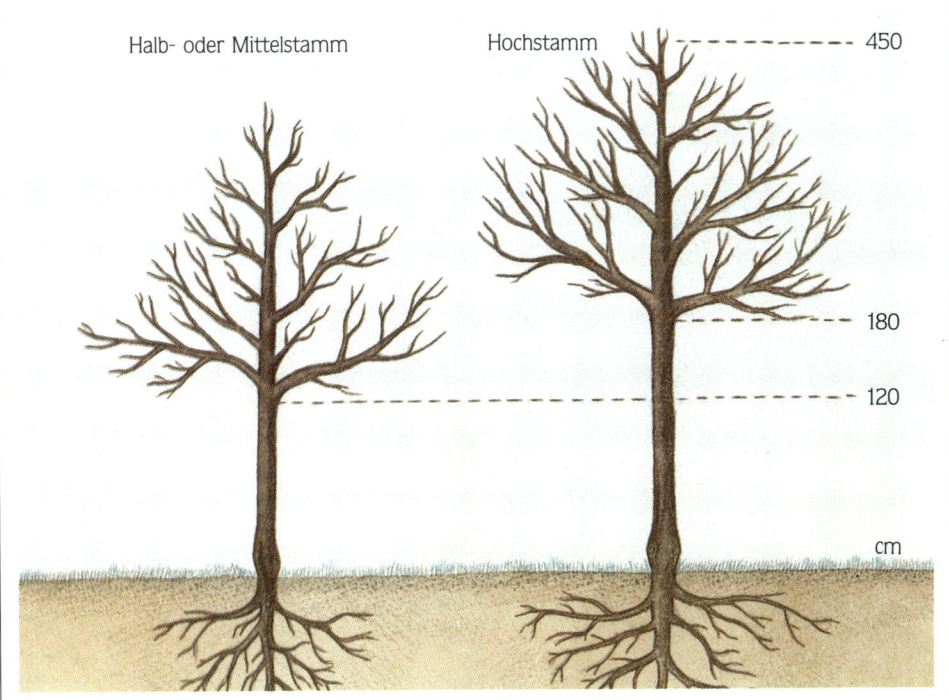

Halb- oder Mittelstamm   Hochstamm   450

                                                              180

                                                              120

                                                              cm

det, bei der alle Früchte gleichmäßig besonnt werden und die süßesten keineswegs unerreichbar hoch oben hängen, wie bislang gerade im Süßkirschenanbau üblich.

Die Methode Bouché-Thomas, System Barka, wird von hier ab vereinfacht nur noch BTB genannt.

Der Platzbedarf der genannten niedrigen und schmalen Obstbaumformen ist immer noch beträchtlich. Deshalb gibt es heute in den Baumschulen bereits Obstbäume, die so veredelt sind, daß sie mehrere Obstsorten tragen. Meist sind es zwei. Es lassen sich jedoch noch mehr Sorten auf einen Baum veredeln. Eine Umveredlung ist auch nachträglich im eigenen Garten möglich.

Mehrere Obstsorten von einer Art sollten ohnehin in einem Garten wachsen. Das fördert die Gesundheit der Bäume und Sträucher und vergrößert den Ertrag. Ist der Garten klein, erreicht man dasselbe, wenn mehrere Sorten auf einer Pflanze wachsen.

Befruchtung im Obstgarten

Der Rat zur Sortenvielfalt hat etwas mit den Befruchtungseigenheiten verschiedener Obstarten und auch -sorten zu tun. Darüber sollten der angehende Obst-Naturgärtner jedoch etwas mehr wissen, denn wie oft hört man von Haus- und Kleingärtnern die Klage über zu geringe Obsterträge. Ein Grund für mangelhafte Erträge ist die Sortenwahl, denn nicht jede Sorte ist als Befruchter geeignet.

Die Befruchtung der Obstarten übernehmen Insekten, zum Beispiel Bienen, oder der Wind. Wenn sich aus Obstblüten Früchte entwickeln sollen, muß der Pollen (Blütenstaub) grundsätzlich von einer Blüte zu einer anderen gebracht werden. Auf der Suche nach Nektar übertragen Insekten die Pollenkörner einer Blüte auf die klebrige Narbe einer anderen Blüte.

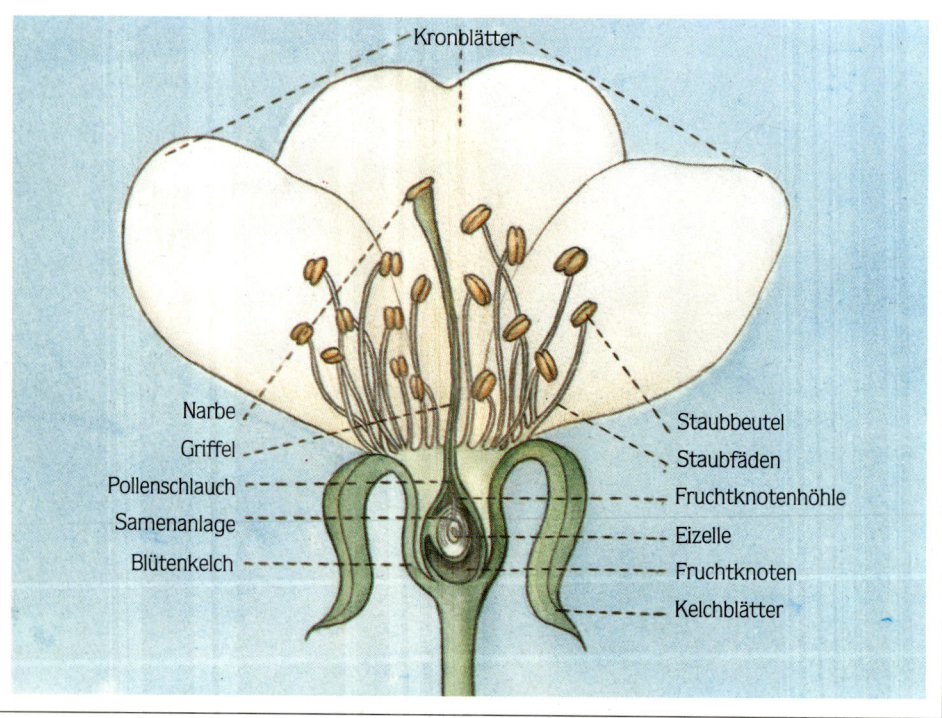

Kronblätter

Narbe
Griffel
Pollenschlauch
Samenanlage
Blütenkelch

Staubbeutel
Staubfäden
Fruchtknotenhöhle
Eizelle
Fruchtknoten
Kelchblätter

Die hängengebliebenen Pollenkörner wandern durch Pollenschläuche, die sie selbst bilden, in die Samenanlage des Fruchtknotens ein. Dort verschmelzen die männliche Samenzelle mit der weiblichen Eizelle. Erst dadurch entsteht eine Frucht.

Es gibt selbstfruchtbare (selbstfertile) Obstarten, bei denen sich Blüten eines Baumes befruchten können, und selbstunfruchtbare (selbststerile), die Blütenstaub einer anderen Sorte brauchen.

Bei den Süßkirschen finden wir sogar verschiedene Sorten, deren Blüten intersteril sind, das heißt, die Sorten können sich gegenseitig nicht befruchten. Sie werden nur von ganz bestimmten Sorten befruchtet.

Außer den Süßkirschen befruchten sich Äpfel und Birnen nicht selbst. Sie brauchen einen Pollenspender ihrer Art in der Nähe oder am selben Baum, falls wenigstens zwei Sorten auf einem Baum veredelt sind. Aprikosen und Pfirsiche sind selbstbefruchtend. Pflaumen, Zwetschen, Mirabellen und Reneklauden befruchten sich auch untereinander. Es gibt unter ihnen selbstfertile und selbststerile.

Auf jeden Fall sollte man sich in der Baumschule nach den besten Pollenspendern erkundigen.

Übersicht: Beerenobst

Obstart	Befruchtung	Bodenbedürfnisse	Bemerkungen
Brombeeren	selbstfruchtbar	nährstoffreich, humos, tief gelockert, feucht und lehmhaltig	Flach- und Tiefwurzler
Erdbeeren	es gibt rein weibliche, rein männliche und zwittrige Geschlechtsformen	warmer, humoser Lehm oder sandiger Lehm, auf kleinen Erdwällen besonders kräftig und fruchtbar	Erdbeeren stehen gern in Mischkultur mit Knoblauch, Kopf- und Schnittsalat, Porree, Radieschen, Schnittlauch und Zwiebeln, verschiedene Sorten auf ein Beet pflanzen
Himbeeren	selbstfruchtbar	nährstoffreich, humos, lehmhaltig und tief gelockert, feucht	Flach- und Tiefwurzler, mindestens 3 m von Obstbäumen entfernt
Heidelbeere	selbstfruchtbar	locker und humos, tiefgründig, pH-Wert 4,3–4,8	wegen des für unsere Gartenböden nicht üblichen pH-Wertes muß der Boden ausgetauscht und am besten mit Lochfolie vom übrigen Boden getrennt werden
Johannisbeeren	selbstfruchtbar		Flachwurzler
rote und weiße		feuchte, gute Gartenerde	für Hanglagen sehr gut geeignet, aber nicht an Nordhängen
schwarze		feuchte, gute Gartenerde, steht gern auf flachen Hügelbeeten	für Nord-, Nordwest- und Ostlagen, bei Südhängen besteht die Gefahr, daß die Blüte zu früh einsetzt und durch Spätfröste geschädigt wird
Jostabeere	selbstfruchtbar	lockerer, aber sonst jeden Boden	gedüngt wird nur, wenn die Wuchskraft deutlich nachläßt
Stachelbeere	selbstfruchtbar	humoser, kalkhaltiger Lehm	verträgt auch etwas Schatten, die Beeren werden jedoch in der Sonne süßer
Weinreben	selbstfruchtbar	durchlässig, warm und etwas kalkhaltig	braucht viel Licht und Wärme

Übersicht: Kern- und Steinobst

Obstart	Befruchtung	Bodenbedürfnisse	Bemerkungen
Äpfel	selbstunfruchtbar	nähstoffreich, durchlässig und feucht	manche Apfelbäume vertragen auch trockene Böden, Flach- wurzler
Aprikosen	selbstfruchtbar	nährstoffreich, humos, durch- lässig, feucht und warm	nur in warmen Lagen anbauen, bevorzugt in Weinbaugebieten
Birnen	selbstunfruchtbar	nährstoffreich, tief gelockert, durchlässig und gut warm, keine Staunässe, Wurzeln dürfen nicht ins Grundwasser hinunterreichen	bevorzugen sonnige, geschützte Lagen, gedeihen gut als Spalier, haben tief- und flachreichende Wurzeln
Mirabellen	selbstfruchtbar und -unfruchtbar	durchlässig, humos und warm, sandiger Lehm, feucht	warme Lagen lassen die Früchte besser ausreifen, ein guter Pollen- spender ist die Nancy-Mirabelle
Nektarinen	meist selbstfruchtbar	nährstoffreich, durchlässig und warm	Anbau nur in warmen Lagen, zum Beispiel in Weinbaugebieten
Pfirsiche	selbstfruchtbar (bis auf ganz wenige Sorten)	nährstoffreich, humos, durch- lässig, warm und feucht	nur für warme Lagen, beispiels- weise Weinbaugebiete, Blüte etwas frostempfindlich, daher sind Spätblüher für Gegenden mit Spätfrösten zu bevorzugen
Pflaumen	selbstfruchtbar und -undfruchtbar	nährstoffreich, durchlässig und warm, sandiger Lehm, feucht	guter Pollenspender ist die Sorte 'Anna Späth'
Quitten	selbstfruchtbar	wächst fast auf jedem Boden, aber nicht auf sehr schwerem	auch für rauhere Lagen geeignet, dann aber darauf achten, daß die Sorte nicht frostempfindlich ist
Renekloden	selbstunfruchtbar	wie Pflaume	nicht für Spätfrostlagen geeignet, da Blüten frostempfindlich, beste Sorte 'Große grüne Reneklode', für rauhere Lagen ist die Sorte 'Althann' gut geeignet, als Pollen- spender neben anderen Reneklo- densorten auch Zwetsche
Sauerkirschen	meist selbstfruchtbar	für leichte und schwere Böden gut geeignet, Bodenansprüche sind jedoch von der Unterlage abhän- gig, Staunässe meiden, aber etwas feucht	Sorte 'Schattenmorelle' sehr beliebt und für alle Böden, eben- falls die Sorte 'Morellenfeuer', die nicht moniliaanfällig ist wie die erstere
Süßkirschen	selbstunfruchtbar und teilweise intersteril	tief gelockert und lehmhaltig, keine Staunässe, pH-Wert nicht über 7	lockerer Kronenaufbau verhindert das Absterben der Frucht- und Bukettzweige
Zwetschen	selbstfruchtbar und -unfruchtbar	wie Pflaume	können auch durch Schlehenpollen befruchtet werden

Obstversorgung durch das Jahr

Für die Versorgung eines privaten Haushalts mit Kern-, Stein- und Beerenobst ist die Reifezeit der verschiedenen Früchte zu beachten. Hierbei ist von den Obst- und Beerenarten selbst bereits eine große Einteilung vorgegeben.

Äpfel, aber auch Birnen haben teilweise eine lange Lagerfähigkeit, und diese ist bei den verschiedenen Sorten günstigerweise auch noch unterschiedlich lang, so daß man den ganzen Winter über bis in den Mai ('Kasseler Renette') Äpfel aus dem eigenen Garten essen kann. Während der neuen Vegetationsperiode kommen zunächst wenig haltbare, aber sehr saftreiche und beliebte Früchte zur Eßreife. Erdbeeren, Johannisbeeren, Stachelbeeren und die aus den beiden letzten Beerenarten entwickelten Jostabeeren wetteifern um den ersten Pflücktermin, wobei die zuletzt gezüchtete Jostabeere meist zuerst das Ziel erreicht. Aber nicht nur Sträucher und Stauden bringen im Frühsommer köstliche Früchte. Beim Steinobst will die Kirsche mithalten. So wie der Apfel in der kalten Jahreszeit immer tafelbereit ist, so reifen wohlschmeckende Monatserdbeeren und mehrmals tragende Erdbeeren den ganzen Sommer und sogar bis zum ersten Frost.

Im Sommer gibt es Beerenfrüchte, beispielsweise Himbeeren und Kulturheidelbeeren, sowie Stein- und Kernobst. Aprikosen, Pfirsiche, Reneklöden, Mirabellen, Pflaumen und Zwetschen bringen je nach Sorte von Johanni bis September und sogar bis Oktober reichhaltige Abwechslung. Auch frühe Äpfel können im August schon geerntet werden. Diese Sorten sind jedoch nur bis Oktober haltbar. Bei den Birnen gibt es sogar viele Sommersorten, die ab Mitte Juli eßreif gepflückt werden können beziehungsweise nur wenige Tage bis zur Genußreife lagern müssen.

Auch die Brombeerernte beginnt im August und zieht sich bis zum ersten Frost hin, weil sich immer noch Blüten entwickeln, während schon Früchte geerntet werden können. Die aus späten Blüten hervorgehenden Früchte erreichen jedoch oft keine Eßreife mehr. Die Brombeere muß gut ausgereift sein, sonst schmeckt sie sauer.

Während im Herbst späte Pflaumen und Zwetschen geerntet werden, beginnt schon die Apfel- und Birnenernte, die lagerfähige Früchte bringt. Auch die Weinernte fällt in den Herbst und Spätherbst.

Bei den einzelnen Obstarten gibt es außerdem Sorten mit unterschiedlicher Pflück- und Genußreife, so daß über das ganze Jahr verteilt Früchte aus eigenem biologischem Anbau zur Verfügung stehen können.

Rohe Früchte sind sehr wertvoll für die Gesundheit und tragen nicht nur zu ihrer Erhaltung bei, sondern auch zur Heilung vieler Krankheiten. Der Kochprozeß ist bei Früchten eigentlich überflüssig, sind sie doch bereits von der Sonne so durchlichtet und durchwärmt, daß sie dadurch ihre höchste Qualität erreicht haben.

Die schonendste Haltbarmachung für leicht verderbliche Früchte ist die Trocknung. Sie ist auch die energiesparendste, wenn man die Früchte in der Sonne trocknet.

Einkochen von Obst zu Marmelade und Gelee oder Einwecken bedeutet bereits einen Qualitätsverlust, zumal zum Haltbarmachen sehr viel Industriezucker verwendet wird, der nach dem Genuß des gekochten Obstes einen großen Teil der wertvollen Inhaltsstoffe der Früchte für seinen Abbau selbst benötigt. Auch die Gefriertruhe erhält die Qualität nicht in dem Maße, wie man bei der Einführung dieses Elektrogerätes annahm.

Das bedeutet nun nicht, daß Obst nur roh gegessen werden darf, denn das ist ja nicht immer möglich. Aber man muß sich dessen bewußt sein, daß das frisch gepflückte, rohe Obst die weitaus beste Qualität hat.

Für die Verbesserung der Obstqualität, die Erhöhung wertvoller Inhaltsstoffe und die Lagerfähigkeit kann man durch biologische Spritzungen und die Einhaltung bestimmter Pflückzeiten eine Menge tun.

Der biologische Obstanbau

Im biologischen Gartenbau geht man von der Gesamtheit eines Gartens aus. Es werden nie einzelne Maßnahmen durchgeführt, ohne das Umfeld zu berücksichtigen.

Der Garten ist nicht die Natur, wie der Neuling im Gartenbau meinen könnte, wenn er die Wörter „biologisch", „ökologisch", „naturnah", „biologisch-dynamisch" oder „biologisch-organisch" hört. Der Garten ist eher ein lebendiges Wesen, bei dem alle Lebensprozesse miteinander verbunden sind, und vielleicht auch ein Kunstwerk, denn es gibt seit dem Garten Eden nur Gärten, die von Menschen geschaffen sind.

Im biologischen oder naturnahen Garten sind zwar die Naturprozesse weitgehend berücksichtigt, aber es werden trotzdem verstärkt Kulturpflanzen angebaut, die vom Menschen gezüchtet sind und in den meisten Fällen größere Ansprüche an den Boden stellen als die Pflanzen in der freien Natur. Sie müssen gepflegt werden und wären bald nicht mehr da oder würden die meisten ihrer angezüchteten Eigenschaften aufgeben, wenn wir den Garten sich selbst überließen.

Im biologischen Garten versucht man, Pflanzengemeinschaften zu schaffen, in denen sich die Pflanzen gegenseitig unterstützen. Auch Tiere, von denen viele für Boden und Pflanzen nützlich sind, sollen ihr Auskommen haben.

Obstbäume stehen im biologisch gepflegten Garten nicht in Monokultur, sondern mit Sträuchern, Blumen und Gemüse zusammen.

Beim Obstgarten geht es darum, daß nicht ausschließlich Obstgehölze und diese in Monokultur (beispielsweise reihenweise Apfelbäume der Sorte 'Golden Delicius') angepflanzt werden.

Wie schon erwähnt, werden verschiedene Obstarten und -sorten nebeneinander gepflanzt, indem man berücksichtigt, welche sich in den Ansprüchen ergänzen, günstigen Einfluß aufeinander ausüben und sich gegenseitig befruchten.

Hagebutten der Rosa rogusa

Wildgehölze, Ökowiese und Vogeltränken

Als Zwischenpflanzung und als umgebende Hecke werden Wildgehölze im Garten angelegt. Sie wirken nicht etwa ertragsmindernd, weil sie für sich Platz beanspruchen, sondern sie steigern sogar die Ernte.

Das ist leicht einzusehen, wenn man bedenkt, daß eine Mischhecke aus Wildsträuchern im Norden und Westen der Obstpflanzung die edleren und deshalb auch empfindlicheren Kulturpflanzen vor kalten Winden schützt.

Dazu kommt, daß Wildgehölze teilweise zu anderen Zeiten blühen als Obstbäume und ein Obstgarten mit Wildsträuchern deshalb eine permanente Bienenweide sein kann. Die Bienen werden schon zeitig im Frühjahr angelockt, beispielsweise durch Salweiden im März. Finden sie jedes Jahr während der ganzen Vegetationszeit genügend Nahrung, summen sie auch zur Zeit der Obstblüte eifrig in den Obstbaumkronen. Schon dieser Vorgang steigert den Ertrag.

Wildheckengehölze können auch Pollenspender sein, so zum Beispiel die erwähnte Schlehe für frühblühende Zwetschen.

Außerdem bauen sich in solchen Gehölzen Nahrungsketten auf in Form von Insekten, Käfern bis hin zu den Vögeln. Die Vögel suchen sich auch auf den Obstbäumen ihre Nahrung, so daß große Mengen Schädlinge

mitvertilgt werden. Während einer Vegetationsperiode fressen ein Meisenpärchen und seine Jungen beispielsweise 1–2 Zentner Insekten. Dabei werden im Obstgarten auch Raupen, die von Kohlmeisen bevorzugt werden, Blattläuse, die für Blaumeisen eine Delikatesse sind, Obstmaden und andere Larven schädlicher Insekten in vertretbaren Grenzen gehalten.

An den Wildgehölzen finden Vögel auch Beeren, die ihnen im Spätherbst und Winter als Nahrung dienen. Beispielsweise ernäh-

Nistkasten aus Holzbeton für Meisen

ren sich die Buchfinken im Winter hauptsächlich von Beeren und ihren Samen, im Sommer jedoch von Insekten.

Viele dieser nützlichen Vögel bauen in Wildsträuchern ihre Nester; solche, die Baumhöhlen und Mauerlücken als Nistplätze bevorzugen, erhalten Nistkästen, die mit dem Flugloch nach Südosten in den Obstbäumen aufgehängt werden. Diese Nistkästen sollten immer ein wenig durch einen belaubten Ast gegen Sicht geschützt sein, damit die flügge werdende Brut nicht von Raubvögeln dezimiert wird.

Katzen können von dem Besuch der Nistplätze in Obstbäumen ferngehalten werden, indem man Schutzringe an den Stämmen anbringt. Diese Schutzringe lassen sich ganz einfach selbst herstellen. Man braucht nur Fichtenzweige mit den Spitzen nach unten rund um den Stamm zu binden. Es gibt aber auch Metallschutzringe mit vom Stamm nach unten abstehenden Stäben.

Die Nistmöglichkeiten in Wildgehölzen lassen sich sogar noch vergrößern, wenn man Astgabeln so zurechtschneidet, daß der Nestbau begünstigt wird. Es lassen sich auch drei Äste zu einer künstlichen Astgabel zusammenbinden.

Übrigens ist der natürliche Speisezettel der Vögel für den Winter noch erweiterungsfähig, indem man einige Früchte an den Obstbäumen hängen läßt. Hierbei sind späte Sorten zu bevorzugen, wie beispielsweise der Bohnapfel oder der Boskoop, die oft erst bei einem Sturm im Januar vom Baum fallen und auch am Boden noch als Vogelfutter dienen.

Auf die Stützpfähle junger Obst- und Spalierobstanlagen kann man Kartoffeln stekken. Sie dienen den Vögeln ebenfalls als Nahrung und löschen den Durst.

In der Nähe von Obstbäumen dürfen Vogeltränken nicht fehlen. Der oft beklagte Knospenfraß durch Vögel im Frühjahr ist meist nichts anderes als Durst. Diese Bekken sollten flach abfallende Ränder haben und unterschiedliche Wassertiefen, damit dort kleinere und größere Vögel trinken und baden können.

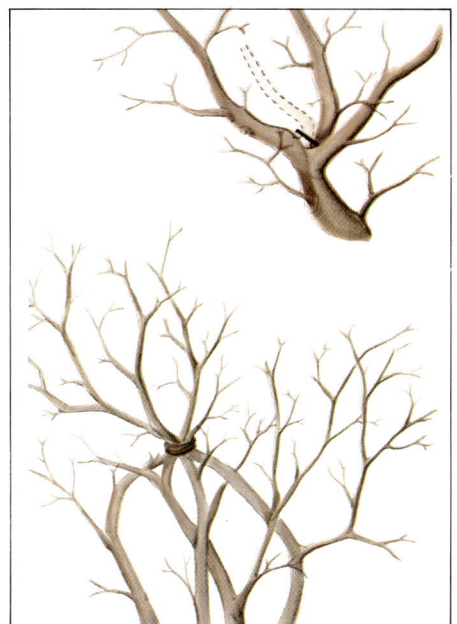

Nistquirle

Schutzringe an Baumstämmen gegen Katzen und Marder

Die flachen Wasserränder locken auch Bienen, Schwebfliegen und vor allen Dingen Wespen an. Letztere sind wie die Bienen an der Obstblütenbestäubung beteiligt.

Da heute sowohl Leitungswasser als auch Regenwasser Schadstoffe enthält, bestäubt man das Wasser in der Vogeltränke nach dem Auffüllen mit Leitungswasser und auch nach einem Regen mit Bentonit (Tonmehl). Es sinkt zu Boden und nimmt Schadstoffe mit.

Die Tränken müssen besonnt sein, damit sie erwärmt werden, denn Insekten trinken nur daraus, wenn das Wasser Blutwärme hat.

Wenn auf einem Neubaugelände noch ein alter Obstbaum steht, läßt man ihn möglichst stehen. Oft kann man ihn mit biologischen Methoden wieder in einen reich tragenden Obstbaum verwandeln. Ist er zu alt und hat teilweise kahle, bemooste Äste, so ist er besonders Spechten, wie beispielsweise dem Kleinen und Großen Buntspecht oder dem Grünspecht, willkommen. Manchmal zimmert sich der Große Buntspecht sogar in einem alten Baum eine Nisthöhle. Meist jedoch suchen die Spechte die runzlige, oft nur locker auf Stamm und Ästen sitzende Baumrinde nach Insekten und ihren Larven ab. Sie kommen regelmäßig und besuchen dann auch den jüngeren Obstbaumbestand.

Um die Vogelschar und die Artenvielfalt überhaupt zu vergrößern, ist eine Ökowiese ebenfalls ein Lockmittel. Eine solche Wiese wird nur zweimal im Jahr, im Hochsommer und im Spätherbst, gemäht und ist voller Vogelnahrung, denn die Samen der Gräser und Kräuter reifen an den Pflanzen und fallen überreif auf den Wiesenboden. Davon können Vögel auch im Winter satt werden, wenn gerade kein Schnee liegt. Außerdem tummeln sich unzählige Insekten und Käfer in solch einer Wiese. Sie die-

Vogelbecken mit unterschiedlicher Wassertiefe für kleine und große Vögel

nen nicht nur der Ernährung der Vögel, sondern sind auch anderen Nützlingen, wie zum Beispiel den Marienkäfern, die erste Frühjahrsnahrung.

Auf der Wiese sollten auch viele Doldenblütler, wie beispielsweise wilde Möhren, Bärenklau und Kerbel, wachsen. Diese Blüten werden gern von Schwebfliegen angeflogen. Sie fördern deren Population, die für die Obstblütenbestäubung nicht groß genug sein kann.

Schwebfliegen legen ihre gelblichen Eier auf der Unterseite von Blättern ab, wo auch die Blattläuse sitzen. Die Larven der Schwebfliegen fressen während ihrer 5–15tägigen Entwicklung bis zu 900 Blattläuse.

Vogelfutter im Winter

Schwebfliege (Tubifera pendula)

Auch für die Schwebfliegen sind Wildsträucher lebenswichtig. Wenn die Vegetationsperiode im Frühjahr beginnt, gibt es noch keine blühenden Kräuter. Deshalb entwikkelt sich die erste Schwebfliegengeneration auf Holzgewächsen. Später, nach der Obstbaumblüte, liefern dann die Doldenblütler unter den Kräutern die Nahrung für die nützlichen Schwebfliegen.

Im Sommer ernähren sich Schwebfliegen und Hummeln auch von den Ausscheidungen der Blattdrüsen der Kirschbäume und Holunderbüsche. Deshalb sollte Holunder unter den Wildgehölzen nicht fehlen.

Weißdorn gehört ebenfalls in die Wildgehölzhecke hinein. Weißdorn hat nicht nur Beeren und Samen für die Vögel, sondern er kann auch verhindern, daß die Pflaumengespinstmotte (Hyponomenta padellus) sich an die Pflaumenbäume heranmacht. Bei einem biologischen Gleichgewicht werden sich kaum Pflaumengespinstmotten einstellen. Sollte es doch einmal vorkommen, so wird sich dieses Schadinsekt zuerst auf dem Weißdorn breitmachen. Dort wird es weniger Schaden anrichten, denn die Raupen der Gespinstmotte fressen Laub und Knospen, können also eine ganze Obsternte vernichten. Sie gehen außer auf Pflaumen auch auf Aprikosen, Pfirsiche, Quitten, Schlehen und Schwarzdorn, bevorzugen jedoch Weißdorn vor jedem anderen Gehölz.

Der richtige Boden für Obstgehölze

Alle Obstbäume und Beerensträucher bevorzugen einen lockeren, humosen, nährstoffreichen und mehr oder weniger feuchten Boden. Aufgestaute Nässe verträgt keine Pflanze.

Der Boden kann gewachsen sein, das bedeutet, daß er sich schon viele Jahre, viel-

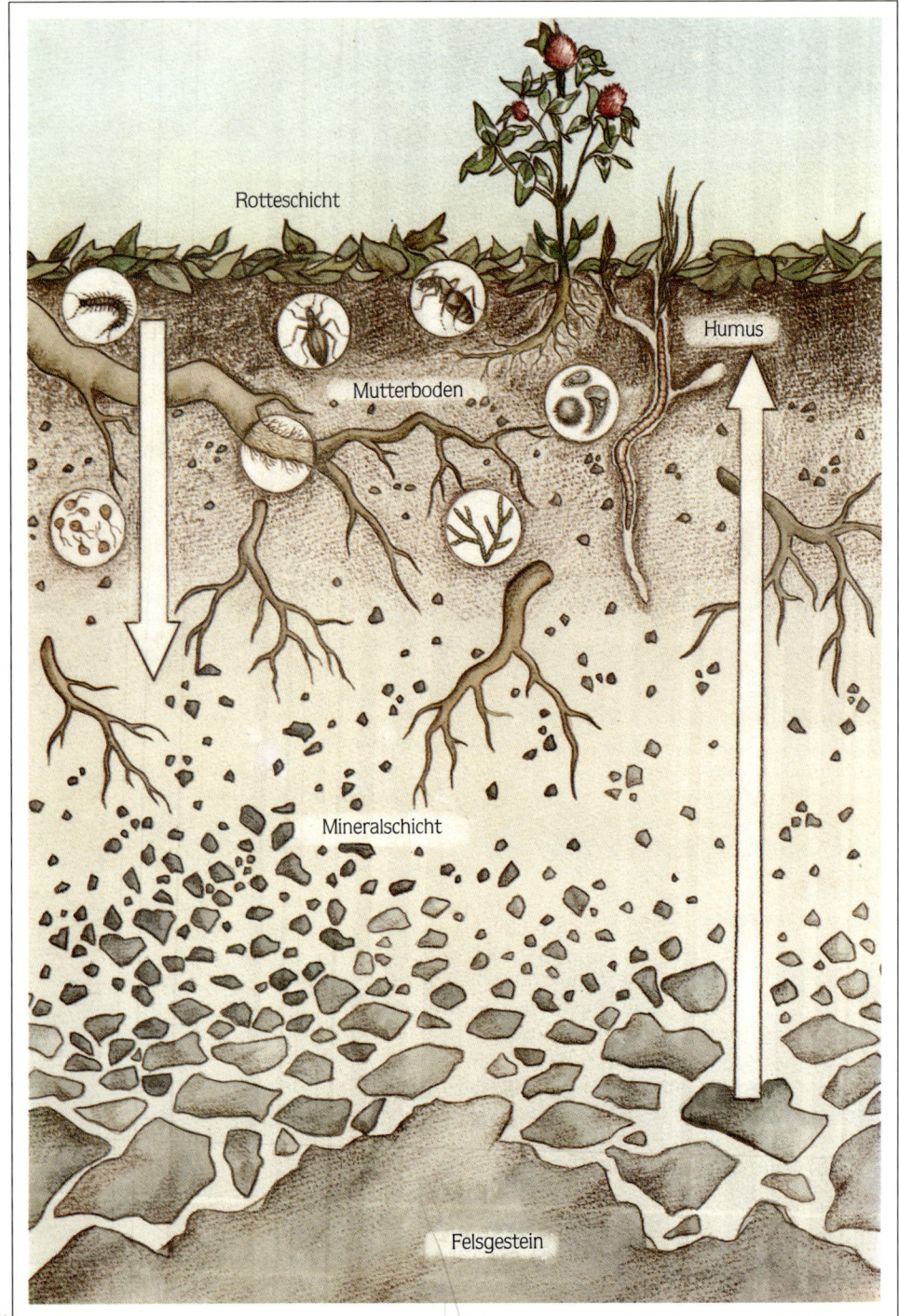

Rotteschicht

Humus

Mutterboden

Mineralschicht

Felsgestein

leicht sogar mehrere hundert Jahre unberührt von Menschenhand entwickeln konnte. Dann besteht er tief unten aus Felsgestein, ganz oben aus angerotteten Pflanzenresten. Dazwischen durchdringen sich diese beiden Materialien.

Felsgestein verwittert ständig. Durch mechanische Vorgänge, wie zum Beispiel Temperaturunterschiede, Druck, Reibung, Auswaschung und chemische Reaktionen, wie beispielsweise durch Ausscheidungen der Pflanzenwurzeln, wird Felsgestein nicht nur zerbrochen, sondern mit der Zeit in feinste Teilchen zermahlen und zersetzt. Es entsteht unter anderem Ton.

Ein Tonplättchen hat eine Dicke bis zu etwa 2 μm (zum Vergleich: ein Blutkörperchen ist 7 μm dick). Es unterscheidet sich nur durch seine geringere Größe von Gesteinsteilchen, aus denen Gesteinsmehl, ein Naturdünger, besteht. Dieses kann dank eines neuen Verfahrens seit einigen Jahren ebenfalls so fein vermahlen werden wie Ton.

Gesteinsmehl besteht aus Mineralteilchen unterschiedlicher Korngrößen. Dadurch wird dieser wertvolle Dünger sowohl zu einem sofort wirksamen als auch zu einem Langzeitdünger. Die kleinsten Teilchen geben ihre angelagerten Stoffe sofort an die Pflanzen ab, während die größeren erst allmählich von verschiedenen Bodenlebewesen aufgeschlossen werden.

Ton ist ein Gemisch verschiedener Mineralteilchen. Darunter sind der Montmorillonit, der Kaolinit (Kaolin = Porzellangrundstoff) und der Illit wertvoll. Diese Tone sind sehr wasseraufnahmefähig und geben das Wasser nur sehr langsam wieder ab. Von diesem Wasser können Pflanzen während ausgedehnter Trockenperioden lange zehren. Ist der Ton mit Wasser gesättigt, wird er undurchlässig. Dadurch kommt es zu der für Pflanzen so gefährlichen Staunässe. Die hauchdünnen Tonplättchen werden dabei so aufeinandergepreßt und verkittet, daß sie kein Wasser durchlassen.

Ton ist jedoch reich an Nährstoffen, die fest angelagert sind und von den Haarwurzeln der Pflanzen im Verein mit speziellen Bodenbakterien aus den Tonplättchen herausgelöst und von den Wurzeln aufgenommen werden. Zum Ausgleich lagern sich die von den Wurzeln ausgeschiedenen Stoffe an den Tonplättchen an.

Im Gegensatz zu den Tonplättchen, die keine Zwischenräume lassen, enthält Verwitterungsgestein auch Quarz, Feldspat und andere Spate, die so hart sind, daß sie durch Verwitterung nicht zerkleinert werden können. Zum Teil kommen sie als kleine Kristalle oder auch als Kristallbruchstückchen von 0,06–2,0 mm Korngröße vor. Meist handelt es sich um Quarzsand, den man in diesen Korngrößen auch im Handel erhält.

Sandkörnchen lassen große Zwischenräume. Wasser fließt durch sie fast ungehindert ab und mit ihm für die Pflanzen wichtige Nährstoffe. Deshalb gedeihen auf Sandböden nur anspruchslose und kalkfliehende Pflanzen. Aber durch sein großes Porenvolumen durchlüftet Sand den Boden gut. Durch diese Eigenschaft ist Sand eine günstige Ergänzung zu Ton. Während letzterer als günstige Voraussetzungen für ein gutes Pflanzenwachstum große Wasseraufnahme- und -haltefähigkeit sowie Nährstoffreichtum in die Verbindung mit Sand einbringt, verhindert dieser Staunässe, durchlüftet den Boden gut und hält ihn locker. Und dann ist noch der fruchtbare Lehm zu nennen, der je nach Anteil mehr aus Ton oder Sand bestehen kann (toniger Lehm oder sandiger Lehm).

Auf einem Boden mit Pflanzenbestand – in der freien Natur das Normale – lagern sich ständig welkende, absterbende Pflanzen und Pflanzenteile, besonders Blätter, ab. Sie würden mit der Zeit alle wachsenden Pflanzen ersticken, wenn es nicht Bodenlebewesen gäbe, die größtenteils in der obersten Bodenschicht leben und diese Pflanzenreste als Nahrung brauchen.

Bodenlebewesen, wie beispielsweise Pilze, Algen, Bakterien, Milben, Würmer, Springschwänze und Asseln, fressen und zersetzen die Pflanzenreste. Die kleineren dienen den größeren Bodenlebewesen ebenfalls als Nahrung. Und auch die toten Bodenorganismen werden zersetzt. Die Ausscheidungen einiger Bodenorganismen werden von anderen verwertet, weil dem Kot während der Verdauung Stoffe zugesetzt werden, die diese Bodenlebewesen brauchen.

Der Regenwurm vermischt schließlich die aus Pflanzenresten entstandenen organischen Bestandteile in seinem Darm mit Ton und Sand. Seine Ausscheidungen sind die begehrten Ton-Humus-Komplexe, kleinste Erdklümpchen aus Pflanzenresten, Tonplättchen und Quarzkristallen, die bis zur Unkenntlichkeit zerkleinert sind. Sie sind durchsetzt mit Lufteinschlüssen, zusammengehalten durch Bakterienschleim, der die Tonplättchen verkittet, bewohnt von Bakterienkolonien und umhüllt von einem schleimigen Wasserfilm. Die kleine Welt enthält in Fülle Nährstoffe und Spurenelemente.

Ein fruchtbarer Boden enthält viele dieser Ton-Humus-Komplexe, die als Humus die obere Bodenschicht bilden. Sie kann durch Erosion weggespült oder an Hängen abgerutscht sein und bedeckt die Erde oft nur 5–15 cm hoch.

Aus Gestein (a) entstehen durch Verwitterung Tonminerale (b), aus Pflanzen (c) durch Verrottung Huminstoffe (d); b und d werden zu Ton-Humus-Komplexen (e), hier ein Ton-Humus-Komplex in starker Vergrößerung.

Die fruchtbarsten Böden, zum Beispiel die Schwarzerde nördlich vom Schwarzen Meer, haben eine Humusschicht von mehreren Metern. In einem fruchtbaren biologischen Garten sollte die Humusschicht wenigstens 15–30 cm hoch sein, und der darunter liegende Mutterboden muß mit Humus durchsetzt sein.

Die Vermischung der Humusschicht mit dem hauptsächlich aus Ton, Lehm und Sand bestehenden Unterboden bewirkt der Regenwurm, der seine 2–3 m tiefen Gänge mit Kot auskleidet.

Die anderen Bodenlebewesen halten sich nur in den oberen Bodenschichten auf. Werden sie in andere Tiefen gebracht, gehen sie rasch ein. Deshalb ist Umgraben eine sinnlose Tätigkeit, die das lebendige Gefüge des Oberbodens zerstört.

Ebenso sinnwidrig ist es, wenn unverrottete Pflanzenteile oder tierischer Mist in mehr als 20 cm Bodentiefe geraten. Dort erreicht der Regenwurm dieses organische Material zwar, aber er frißt es nicht, weil die anderen Bodenlebenwesen es im Oberboden nicht vorverdaut haben. Deshalb hat auch Torf, der aus Torfmoosfasern besteht, nichts in einer Pflanzgrube zu suchen. Schädlingsbefall und Pflanzenkrankheiten werden dadurch vorprogrammiert. Auch Rindenhumus mit Rindenstückchen gehört auf und nicht in den Boden.

Neben dem gewachsenen Boden, den man beispielsweise auf Wiesenland, Obstwiesen oder in übernommenen, alten Gärten antrifft, gibt es Bauboden, der selten richtig eingeschätzt werden kann.

Der mit mehr oder weniger gutem Mutterboden, dessen Herkunft man nicht kennt, fast immer nur 20 cm hoch überdeckte Bauschutt ist keine brauchbare Grundlage für zum Teil tief wurzelnde Obstbäume. Der angefahrene Mutterboden enthält im besten Fall lediglich Grassoden. Wenn es sich um eine höhere Aufschüttung für einen kleinen Hügel im Garten handelt, faulen Grassoden und andere organische Abfälle in größeren Bodentiefen. Das führt zu Schädlingsbefall und Pflanzenkrankheiten.

Wertvolle Pflanzenerde

Normalerweise braucht man Pflanzgruben nur so tief und breit auszuheben, daß die eingekürzten Wurzeln der Obstbäume und -sträucher gut Platz haben. Sie sollten 20–60 cm tief und etwa 80–120 cm breit sein. Bei einem gewachsenen Boden genügt das, wenn die Sohle der Pflanzgrube mit einer Grabgabel zusätzlich grabgabeltief aufgelockert und der Boden mit etwas nährstoffreicher Pflanzerde angereichert wird. Um sauren Boden zu bekommen, muß man die Erde meist austauschen.

Pflanzgrubengröße

Gehölz	Weite	Tiefe
Beerensträu-cher und -stämmchen	80 x 80 cm	20 cm ausgehoben 20 cm gelockert
Obstbäume und -büsche	120 x 120 cm	40 cm ausgehoben 20 cm gelockert

Im Hausgarten gibt es meist keine Reihenpflanzungen, sondern es wird im Gemüse- und Ziergarten hier und da ein Obstbaum oder Beerensträucher gepflanzt.

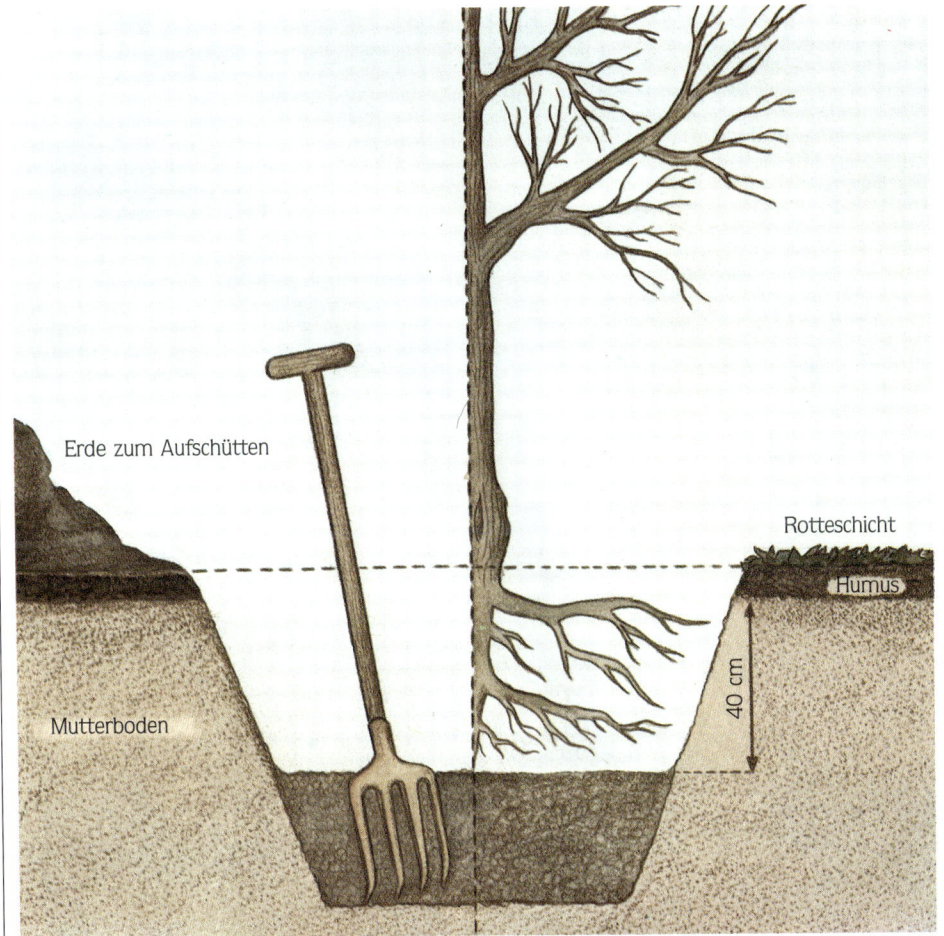

Erde zum Aufschütten

Rotteschicht

Humus

40 cm

Mutterboden

Pflanzloch; links: Auflockern der Sohle; rechts: genügend Platz für die Wurzeln

Beerensträucher werden allerdings auch oft als Randpflanzungen am Zaun oder Weg vorgesehen, und manchmal werden auch Obstbäume zumindest in einer Reihe oder einer kleineren Gruppe angeordnet. Deshalb sollte man auf jeden Fall die Abstände kennen.

Ein Bauboden muß allerdings tiefer und breiter ausgehoben werden. Beim Graben kann der Boden gut kontrolliert werden. Handelt es sich um größere Steine, Schotter, Bauschutt, der erfahrungsgemäß Glas, Styropor, Holz, Eisenteile, Ziegel, Drähte, Kabel, Mörtel- und Gipsreste und vieles andere enthalten kann, dann ist leider tiefes und breites Ausheben nötig.

Der Aushub sollte frühzeitig vorgenommen werden, auf keinen Fall erst dann, wenn gepflanzt werden soll.

Sieht der ausgehobene Boden nach Lehm, Ton, Sand oder gar nach Mutterboden und Humus aus, dann siebt man ihn durch. Das Volumen der abgesiebten Grobstoffe muß ersetzt werden.

In einem alten Garten, in dem nur einige Neupflanzungen angestrebt werden, ist

Pflanzabstände bei Kern- und Steinobst

Gehölz	Reihenabstand in m	Abstand in der Reihe in m
Äpfel		
mittelstark wachsend und BTB	4–4,5	3,4–4
stark wachsend	6	5
Hochstamm	9	7
Aprikosen		
BTB	4–4,5	4–4,5
mittelstark wachsend	6,5	5,5
stark wachsend	7,5	6,5
Birnen		
BTB	3,5–4	2,5–3,5
mittelstark wachsend	4,5	3,5
stark wachsend	6	5
Hochstamm	9	7
Pflaumen und Zwetschen		
BTB	3,5–4	3,5–4
mittelstark wachsend	7	6
stark wachsend	8	7
Pfirsiche		
BTB	3,5–4	3,5–4
mittelstark wachsend	6	5
stark wachsend	7	6
Quitten		
BTB	3,5–4	3–3,5
mittelstark wachsend	6	5
Sauerkirschen		
BTB	4–4,5	4–5
normale Pflanzung	5–6	4–5
Süßkirschen		
BTB	4–4,5	6–7
mittelstark wachsend	8	7
stark wachsend	9	8

Pflanzabstände bei Beerensträuchern und -stämmen

Gehölz	Reihenabstand in m	Abstand in der Reihe in m
Erdbeeren	0,40	0,25–0,3
Brombeeren aufrecht rankend stark wachsend, bedornt	 2 3 4	 0,5 2,5–3 3
Himbeeren	2	0,5
Johannisbeerstämme	2	1,5
Johannisbeersträucher rot und weiß schwarz	 2 2,5–3	 1,5–1,8 2,0–2,5
Jostasträucher	2,5–3	2,5
Stachelbeersträucher und -stämme	2	1,5–1,8

sicher Kompost vorhanden. Für die Pflanzerde kann nur ausgereifter Kompost verwendet werden. Die organischen Stoffe müssen vollständig abgebaut und in Humus mit einem möglichst hohen Anteil an Ton-Humus-Komplexen umgewandelt sein. Damit wirklich keine gröberen organischen Reste mehr im Kompost eingelagert bleiben, siebt man die Komposterde durch ein nicht zu grobes Sieb.

Der gesiebte Aushub und der ebenfalls gesiebte Kompost werden zusammengeschüttet und mit 10% Tonmehl, beispielsweise Bentonit, 10% Gesteinsmehl oder Lavagranulat, 5% Korallalgenkalk, 20% organischen Düngern, wie zum Beispiel Horn-, Blut- und Knochenmehl, kalifornischer Trocken-Rinderdung, Oscorna, Algenmehl oder Rizinusschrot und etwas Kompoststarter gut durchgemischt.

Statt dieser Einzeldünger kann auch ein organisch-mineralischer Mischdünger verwendet werden, wie beispielsweise Ecovital.

Um den Bedürfnissen der verschiedenen Obstgehölze gerecht zu werden, setzt man dieser Erde, je nach den Angaben bei den Beschreibungen der einzelnen Pflanzen, mehr von dem einen oder anderen Dünger oder Zusatz zu. Durchlässigkeit erfordert statt Gesteinsmehl Lavagranulat, bei lehmigem Boden auch Sand. Bei Lehmbedarf wird mehr Tonmehl beigemischt.

Dieses gründlich durchgemischte Substrat wird zu einem flachen Kegel aufgesetzt. Dann verrührt man 5 Minuten lang Baldrianblütenextrakt in wechselnder Richtung in heißem Wasser und überbraust damit den Erdkegel. Zuletzt wird der Kegel mit einer Loch- oder Schlitzfolie bedeckt und diese an den Rändern beschwert.

Bereitet man die Pflanzerde entsprechend den Angaben im Aussaatkalender von Maria Thun an einem Wurzeltag vor, wenn der Mond vor der Stier-, Jungfrau- oder Steinbockregion des Tierkreises steht, dann wird die Wirkung noch erhöht.

Nach etwa 10 Tagen, wenn möglich wieder an einem Wurzeltag, harkt man die so gewonnene nährstoffreiche Erde gut durch und füllt sie in die vorbereiteten Pflanzlöcher, nachdem man die Pflanzlochsohle gut gelockert und mit einer kleinen Menge der Pflanzerde durchgemengt hat.

Die bereits in dem aufgesetzten Kegel intensiv arbeitenden Bodenlebewesen können ihr bodenverbesserndes Werk nun ungestört fortsetzen. Um sie zu schützen, bedeckt man die Pflanzlocherde mit Blättern, Rasenschnitt, Rindenmulch, Lavagra-

organischer
Dünger

Kompoststarter

Zutaten zum reifen Kompost zur Herstellung von Pflanzerde

nulat oder einem anderen Mulchmaterial. Bis September läßt sich statt der Mulchdecke eine Gründüngungssaat aussäen, die im Winter entweder abfriert oder später umgehackt wird. Für die späte Aussaat eignen sich: Gelbsenf, Lupine, Ölrettich, Inkarnatklee und Winterwicke.

Die Vererdung der Dünger geht bei dieser Methode rasch vor sich. Hat man einen Bauboden, so sollte die Pflanzerde Zeit haben, sich im unteren Bereich des großen Pflanzloches zu setzen, denn man hebt zum Pflanzen nur noch etwa 40 cm aus. Die Pflanzerde hat sich im Pflanzloch gesetzt, wenn sich oben auf der zukünftigen Baumscheibe eine Mulde bildet.

Bei der Neuanlage eines Gartens hat man meist noch keinen Kompost zur Verfügung. Dann muß zum Auffüllen des Aushubs ein Füllmaterial gekauft werden. Wenn die Säcke mit Pflanzerde, die es zu kaufen gibt, auch sehr vertrauenerweckende Aufschriften, wie beispielsweise Humus, Rindenhumus, Bio-Pflanzerde oder Pflanztorf, tragen, so ist doch zu bedenken, daß beispielsweise Rindenhumus größere Rindenstücke enthält, also unzersetzte organische Bestandteile, die ausgesiebt werden müssen. Die übrigbleibenden Rin-

denstücke können später als Mulch (Bodenbedeckung) auf die Baumscheiben gestreut werden. Rindenhumus nochmals im eigenen Garten zu kompostieren, ist zwar möglich, aber es dauert zu lange, bis alle Rindenstücke verrottet sind. Wenn behauptet wird, man ist gerade dafür dankbar, daß Rindenhumus noch größere Rindenstücke enthält, weil sie den Boden gut durchlüften, so stimmt das zwar, aber nur, wenn Rindenhumus als Dünger oben auf den Boden gestreut wird. Als Pflanzerde geraten die Rindenstücke in größere Tiefen, in denen sie nicht richtig abgebaut werden und den Wurzeln schaden. Die beste Bodenlüftung erreicht man mit Lavagranulat, Quarzsand und Alginure-Bodengranulat.

Bio-Pflanzerde enthält Torf, der erstens wegen der Ausbeutung der letzten Moore und damit der Zerstörung von arterhaltenden Biotopen möglichst nicht mehr verwendet werden sollte und der zweitens nicht kompostiert ist. Die Torfmoosfasern sind eben auch organische, noch nicht von den Bodenorganismen umgesetzte Stoffe und deshalb als Pflanzerde für Obstbäume ungeeignet. Da hilft es nichts, daß Bio-Pflanzerde neben Torf auch gesiebten Rindenhumus enthält.

Auf jeden Fall ist sowohl Rindenhumus als auch Bio-Pflanzerde eine gute Voraussetzung für wertvolle Pflanzerde, wenn man mit diesen Produkten den obenbeschriebenen Düngerkegel aufsetzt. Der beigegebene Kompoststarter, das Überbrausen mit heißem Wasser, das Baldrianblütenextrakt enthält, und die Herstellung des Kegels an einem Wurzeltag beschleunigen die Rotte (in diesem Fall das Umwandeln von Grobstoffen und Dünger in Humus).

Die Pflanzerde wird wenigstens drei Monate vor der Pflanzung in der beschriebenen Weise vorbereitet.

Um den Gehölzen nach der Pflanzung ein sofortiges Weiterwachsen zu ermöglichen, kann der Pflanzerde bereits bei der Kegelherstellung Alginure-Bodengranulat beigemischt werden. Dieses Algenpräparat ist keine Düngung, aber es schafft sofort nach der Pflanzung eine Verbindung zwischen Pflanzenwurzeln und Boden, wodurch die Nährstoffaufnahme umgehend beginnt.

Alginure-Bodengranulat hat noch eine gute Eigenschaft, die bei der heutigen Schadstoffbelastung des Bodens nicht hoch genug bewertet werden kann: Alginure-Bodengranulat puffert Schadstoffe, so daß diese von den Pflanzen nicht aufgenommen werden. Auf 1 m³ Erde sind 200–300 g dieses Granulats zu empfehlen.

Die gute Bodenvorbereitung vor der Pflanzung ist eine der wichtigsten biologischen Maßnahmen, denn ein falsch oder schlecht vorbereiteter Boden ist oft die Ursache für Schadinsektenbefall und Pflanzenkrankheiten.

Hornmist und Hornkiesel

Damit das zukünftige Obstgehölz von vornherein eine bessere Beziehung zur Erde und zu den günstigsten Wirkungen aus dem Kosmos bekommt, soll hier auch auf die beiden biologisch-dynamischen Präparate Hornmist (Nr. 500) und Hornkiesel (Nr. 501) aufmerksam gemacht werden, die man im Garten verwenden kann und sollte. Diese Präparate gehen auf Anregungen von Rudolf Steiner, dem Begründer der Anthroposophie, zurück und werden heute mit viel Erfolg im biologisch-dynamischen Land- und Gartenbau eingesetzt (nähere Angaben siehe die anderen Bücher in der Biothek-Reihe).

Hornmist schließt den Boden und den Wurzelbereich der Pflanzen für kosmische Wirkungen auf und fördert auch die Arbeit der Bodenorganismen. Deshalb wird die Erde im Pflanzloch mit dem in Wasser eine Stunde lang verrührten Hornmist an einem Wurzeltag gegen Abend besprizt. Dies fördert die Wurzelbildung. Anschließend wird gehackt oder die Erde mit einem Sauzahn oder einer Grabgabel tief durchgearbeitet. Die Hornmistspritzung bildet auch die Voraussetzung für den späteren Einsatz des Hornkieselpräparates.

Dieser gründlichen Bodenvorbereitung folgen später bei der Pflanzung und Pflege der Obstgehölze andere biologische Maßnahmen. Sie sind leichter und schneller durchzuführen als die sorgfältige Bodenvorbereitung. Sie haben meist vorbeugenden Charakter in bezug auf Schadinsektenbefall und Pflanzenkrankheiten und düngen gleichzeitig, wodurch sie sogar zeitsparend sind. Außerdem erübrigt sich durch diese vorbeugenden biologischen Maßnahmen weitgehend der Pflanzenschutz.

Neben allen diesen Vorzügen, die der biologische Obstanbau hat, erfüllt er auch dringende Umweltaufgaben. Nach dem Waldsterben ist 1984 auch das Obstbaumsterben festgestellt worden. Die biologischen Methoden gleichen die Schäden, die durch Schadstoffe aus der Luft verursacht werden und auch vor Obstgehölzen nicht haltmachen, zumindest teilweise aus.

Andere Ursachen für die Schwächung der Pflanzen können unzureichende Bodenbeschaffenheit, falscher Standort, ungünstige klimatische Bedingungen oder auch unzulängliche und zeitliche ungünstige Pflege sein.

Die Wahl der richtigen Unterlage

Um beim Kauf eines Obstbaumes zu verstehen, wovon der Baumschuler spricht, ist zunächst ein wenig Grundkenntnis über den Aufbau des Obstbaumes nötig.

Der Obstbaum besteht meist aus zwei, manchmal auch aus drei Partnern: Die Wurzelkrone bis zum Wurzelhals wird als Unterlage bezeichnet. Mit dem Wurzelhals wird entweder ein Edelreis, ein Triebteilstück oder eine Knospe einer Edelsorte durch verschiedene Veredelungsmethoden so verbunden, daß die Unterlage mit der Edelsorte eine Pfropfkombination bildet.

Nur wenn eine Edelsorte keinen geraden Stamm bilden kann, wird für Viertel-, Halb- und Hochstämme zuerst ein Stammbildner auf den Wurzelhals aufgepropft und ein Jahr später auf den Stammbildner das Edelreis.

Bei der Stammerziehung werden Seitenäste bis zum Astring zurückgeschnitten. Noch besser ist es, ganz junge Triebe vom Stamm abzureißen. Das macht am wenigsten Arbeit und ergibt kaum Wunden.

Ab der gewünschten Stammhöhe läßt man Seitenleittriebe seitlich in Winkeln zwischen

Junger Pfirsichbaum

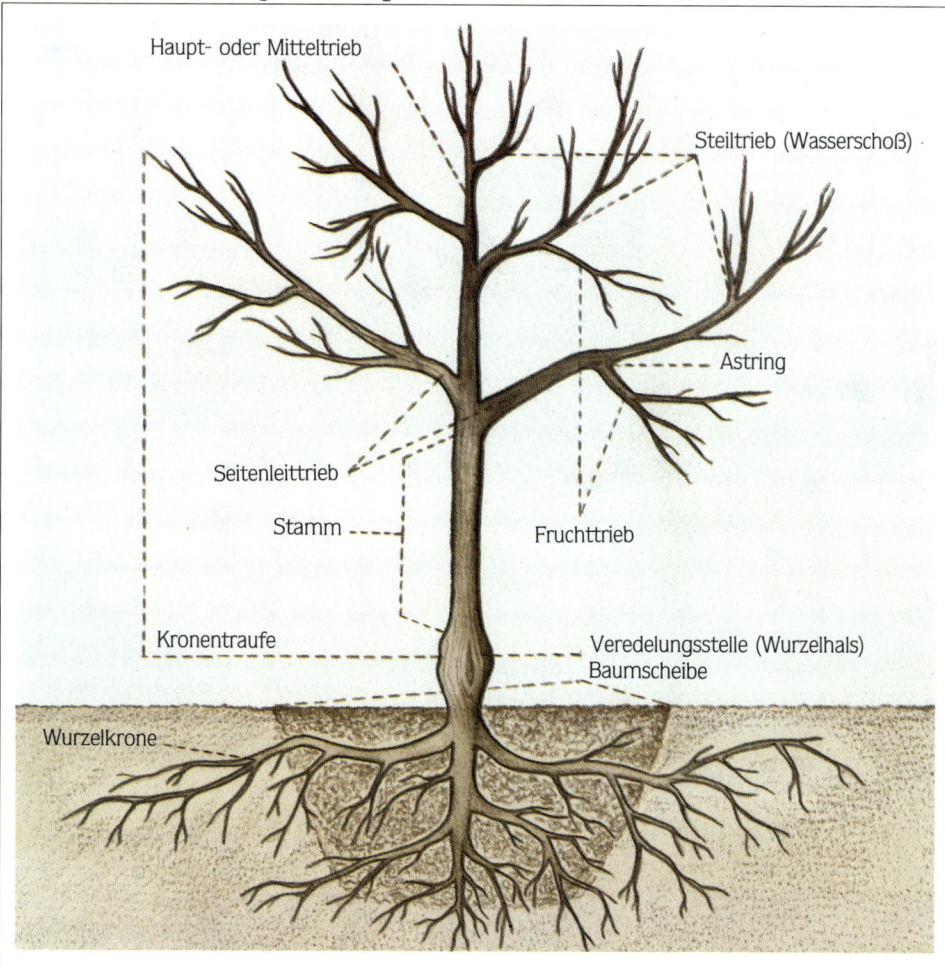

Haupt- oder Mitteltrieb

Steiltrieb (Wasserschoß)

Astring

Seitenleittrieb

Stamm

Fruchttrieb

Kronentraufe

Veredelungsstelle (Wurzelhals)
Baumscheibe

Wurzelkrone

90 und höchsten 45° aus dem Haupt- oder Mitteltrieb herauswachsen. Entspricht der natürliche Wuchs der Seitenleittriebe nicht diesen Winkeln, werden sie durch Stäbe oder durch Binden abgespreizt oder aufgebunden, formiert. Aus diesen Seitenleittrieben, dem Haupttrieb und den aus den Seitenleittrieben herauswachsenden Fruchttrieben entwickelt sich die Baumkrone.

Ein zum Haupttrieb parallel wachsender Trieb, der Konkurrenztrieb, oder ein senkrechter Trieb, ein Steiltrieb oder Wasserschoß an einem Seitenleittrieb muß bis zum Astring weggeschnitten werden. Der Kronenaufbau soll so locker sein, daß die Sonne überall zu den sich am Fruchtholz entwikkelnden Früchten dringen kann. Deshalb werden Äste, die sich oben auf einem Seitenleittrieb entwickeln, ebenfalls abgeschnitten. Der Seitenleittrieb bekommt einen kräftigen Sockel, damit sich das Fruchtholz vom Haupttrieb abgesetzt entwickelt, während das Fruchtholz am Haupttrieb kurz bleiben muß, damit es das Fruchtholz an den Seitenästen nicht beschattet. Außerdem sollte das Fruchtholz sowohl am Haupttrieb als auch an den Seitenleittrieben konisch, also unten länger und oben kürzer, wachsen.

Auslichtungsschnitt

Unterlagen

Wie sich ein Obstbaum entwickelt, hängt sehr von der Unterlage ab. Die meisten Unterlagen kennen wir beim Apfelbaum. Dabei ist zwischen Sämlingsunterlage und Typenunterlage zu unterscheiden.

Die Sämlingsunterlage wird aus Kernen beziehungsweise Steinen durch Aussaat gewonnen. Sie wachsen stark, ergeben große Bäume, die viel Platz beanspruchen, und außerdem beginnen die ihnen aufgepropften Edelsorten spät mit dem Ertrag. Der Apfelsämling war früher die Hauptunterlage für die damals üblichen Halb- und Hochstämme.

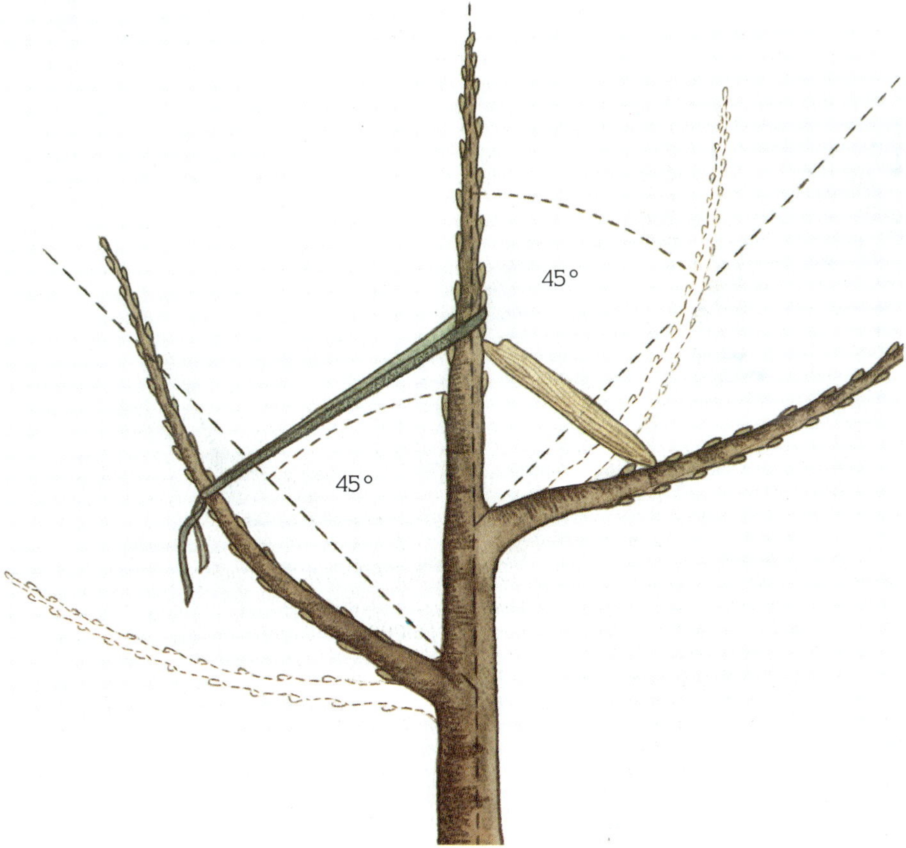

45°

45°

Links: Heraufbinden als Wuchsförderung; rechts: Abspreizen als Wuchshemmung

Für die heute sowohl im Erwerbsanbau als auch im Haus- und Schrebergarten üblichen Niederstämme verwendet man Typenunterlagen, die vegetativ vermehrt werden, rasch Wurzeln bilden, für Niederstammformen geeignet sind und bald Erträge bringen.

Anfang unseres Jahrhunderts begann man, die Typenunterlagen zu standardisieren. Dabei setzten sich die Apfelunterlagen aus dem Institut in East Malling in Kent weitgehend durch. Diese Unterlagen wurden zunächst mit EM nach dem Institut benannt, später nur mit M nach dem Gattungsnamen Malus.

Neuere englische Apfelunterlagen kommen von den Instituten East Malling und Merton und werden mit MM bezeichnet. Zur Spezifizierung der Sorten werden diese Buchstaben mit Zahlen kombiniert.

Diese MM-Unterlagen sind blutlausresistent. Anderen Unterlagen züchtete man Frosthärte an. Auch wenn noch nicht alle Beziehungen zwischen Unterlage und Edelsorte erforscht sind, so steht doch bereits fest, daß Unterlagen Wuchs und Ertrag, Widerstandsfähigkeit gegen Holzfrost und die Ausreifung des Holzes im Herbst beeinflussen. Die Unterlagen sind auch bei der Fruchtausbildung mitbestimmend und wirken auf Fruchtgröße, Reifezeit, Deckfarbenausprägung der Schale und Geschmack.

Apfelunterlagen

Schwachwachsend

M 9 und M 27 Auf diesen Unterlagen bleiben die Bäume verhältnismäßig klein. Sie beginnen, früh zu tragen, der Ertrag ist gut. Die Unterlage M 9 eignet sich für Spindelbusch-, schlanke Spindel- und Schnurbaumformen. Sie braucht eine Stütze. Starkwachsende Sorten wie 'Berlepsch', 'Boskoop' oder 'Gloster' bringen auf dieser Unterlage größere und regelmäßigere Erträge als auf anderen.

Diese schwachwachsende Unterlage ist für den biologischen Anbau nur bei allerbesten Böden und Weinklima möglich. Die kleine Wurzelkrone kann für die früh und reichtragenden Bäume nicht genügend Nährstoffe heranschaffen. Das gilt noch mehr für die schwächere Unterlage M 27.

M 26 wächst etwas stärker als M 9 und schwächer als MM 106. Diese Typenunterlage eignet sich für dichteste Pflanzungen. Die Erträge sind etwas geringer als bei M 9, aber genauso früh. Geeignete Baumformen sind der Spindelbusch und die schlanke Spindel. Eine Stütze ist erforderlich. Für mittelstarkwachsende Sorten wie 'Cox Orange', 'Golden Delicious' oder 'Herma' ist sie sehr geeignet.

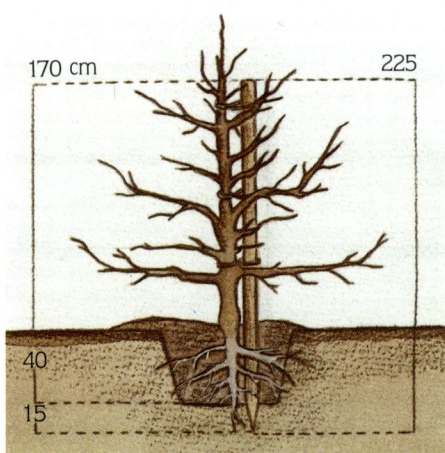

Der Spindelbusch braucht für die Rundkronenerziehung einen Pfahl.

Mittelstarkwachsend

Diese Unterlagen sind auch für BTB geeignet, besonders M 4 und M 7.

M 4 bewurzelt sich gut, wächst ab dem zweiten oder dritten Standjahr schwächer und ist für Buschbäume mit Pyramiden-, Hohl- und Längskronen und BTB geeignet. Anfangs ist eine Stütze nötig.

M 7 hat eine gute starke Bewurzelung mit frühen hohen Erträgen. Diese Unterlage wird für Buschbäume mit Pyramiden-, Hohl-, Längskronen und BTB verwendet.

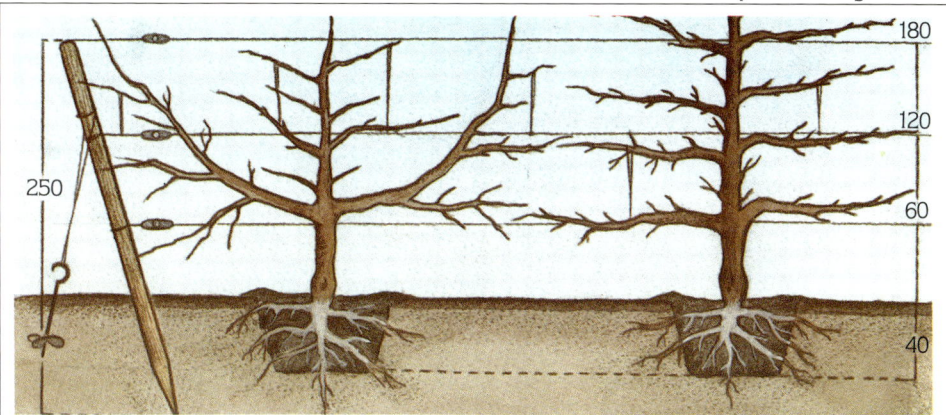

Links: am Draht formiertes Fruchtholz; rechts: Birnenspindel am Drahtrahmen

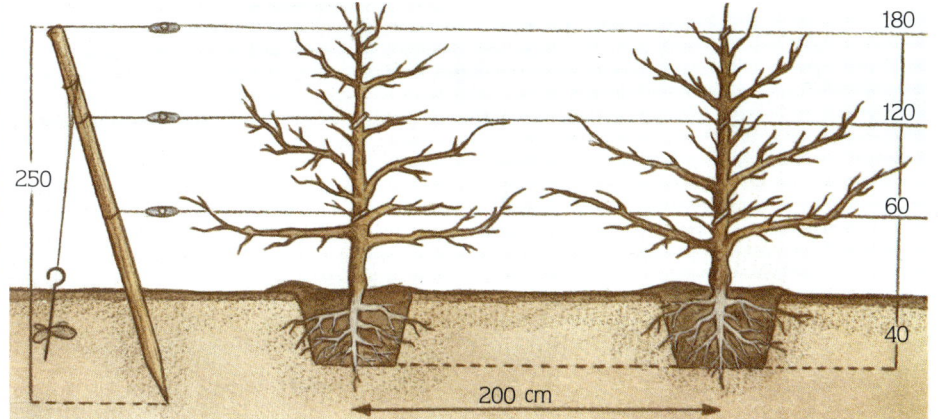

Drahtrahmen für längsformierte Spindelbüsche

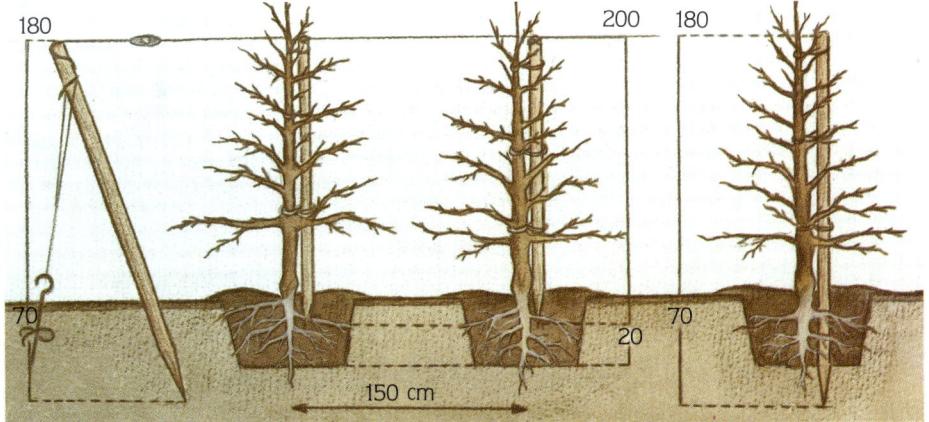

Auch die schlanke Spindel bekommt einen Drahtrahmen, allerdings nur mit einem Spanndraht und dafür mit einem zusätzlichen Pfahl. Es genügt aber auch ein längerer Pfahl.

MM 106 wächst schwächer als M 4 und M 7 und beginnt ab dem 3. Standjahr gut zu tragen. Diese Unterlage ist für Buschbäume mit Pyramiden-, Hohl- und Längskronen geeignet. Alle Sorten außer 'Boskoop' gedeihen gut. In leichteren Böden brauchen die Bäume eine Stütze.

MM 111 bewurzelt gut und bringt einen mittelfrühen, guten Ertrag bei mittlerem Wuchs. Sie eignet sich für Buschbäume mit Pyramiden-, Hohl-, Längskronen und BTB.

Starkwachsend

Diese Unterlagen sind nur für große Gärten und Obstwiesen geeignet.

M 11 war früher weit verbreitet. Die Bewurzelung ist stark und bewirkt einen kräftigen Wuchs der Edelsorte. Der Ertrag beginnt erst nach 5–6 Jahren, ist dann aber hoch. Die auf diesen Unterlagen wachsenden Edelsorten erweisen sich ökologisch als anpassungsfähig. Die Unterlagen sind ohne Unterstützung standfest und für Halb- und Hochstämme geeignet.

A 2 (A steht für Ålnarp in Schweden) ist ähnlich zu bewerten wie M 11, ist aber mehr für trockene Standorte geeignet.

MM 109 ist nicht ganz so starkwüchsig wie M 11 und A 2. Trotz einer guten Bewurzelung braucht der Baum eine Stütze. Der Ertrag ist bei mittelfrühem Ertragsbeginn gut. Die Unterlage eignet sich für Niederstamm mit Pyramiden-, Längs- und Hohlkronen.

Birnenunterlagen

Auch Birnen werden wie Äpfel auf Unterlagen gezogen. Für größere und große Baumformen werden Birnensorten wegen der guten Verträglichkeit auf Sämlinge veredelt, für kleineren Wuchs auf Quitte. Allerdings ist die Quittenunterlage frostempfindlich, vor allem bei Kahlfrösten, und außerdem nicht mit jeder Edelsorte gut verträglich. Letzteres führte zu Zwischenveredelungen mit verträglichen Sorten. Der Frostempfindlichkeit der Quittenunterlagen wirkt man im biologischen Garten mit Erfolg durch Bodenbedeckung entgegen. Meist wird jedoch heute in den Baumschulen auf frostunempfindliche Quittentypenunterlagen veredelt. Für BTB ist die letztere am besten geeignet.

Beim Kauf von Birnenstämmen sollte wegen der Frostempfindlichkeit ein Fachmann befragt werden.

Birnbäume brauchen keine Unterstützung, weil sie ihre Wurzeln in Tiefen schicken, die ihnen Halt geben und aus denen sie auch Wasser und Nährstoffe holen.

Süßkirschenunterlagen

Die Vogelkirsche, Prunus avium, der Vorfahre der Süßkirsche, wird auch heute noch als Sämlingsunterlage verwendet. Allerdings wachsen die Bäume sehr hoch und haben große Kronen. Deshalb wird heute für Hausgärten und im Erwerbsanbau auf den aus England stammenden Unterlagen F 12/1 und Colt veredelt. Die auf den beiden letzten Unterlagen veredelten Sorten wachsen schwächer, tragen früher und reicher. Sie sind für BTB geeignet.

Sauerkirschenunterlagen

Sauerkirschen haben als Unterlagen ebenfalls die Vogelkirsche Prunus avium, die schwächer wachsende Prunus cerasus oder die vegetativ vermehrbare F 12/1.

Aprikosenunterlagen

Die Edelsorten werden auf arteigenen Sämlingstypen oder auch auf Typenunterlagen der wurzelechten Hauszwetsche veredelt. Heute wird viel auf die robuste, frostunempfindliche Unterlage 'Hinduka' veredelt.

Pfirsichunterlagen

Beim Pfirsich werden für sandreiche Böden Sämlingsunterlagen bevorzugt, während für schwere Böden Pflaumenunterlagen geeigneter sind.

Pflaumen-, Mirabellen- und Reneklodenunterlagen

Für diese Obstarten gibt es Sämlinge von der Myrobalane und der St.-Julien-Pflaume sowie die in unseren Hausgärten meist bevorzugten Typenunterlagen Prunus domestica 'Ackermann' und Prunus insititia 'Brompton'.

Beerenunterlagen

Im allgemeinen bedarf es bei Beerenobst keiner Unterlagen. Die Sträucher der Johannis- und Stachelbeeren treiben immer wieder aus dem Wurzelbereich aus. Daher sind sie langlebiger als Johannis- und Stachelbeerhoch- und fußstämmchen.
Die Stämmchen werden vor allen Dingen deshalb auf Unterlagen herangezüchtet, weil sie Stammbildner brauchen. Johannis- und Stachelbeeren werden auf bestimmten Klonen der Goldjohannisbeere veredelt. Für kleine Gärten eignen sie sich besonders gut, weil man die Stämmchen unterpflanzen kann.

Obstbaumkauf

Wer Obstbäume anpflanzt, lebt mit ihnen viele Jahre. Er will auch Jahr für Jahr reiche Ernte erhalten. Da dürfen nicht irgendwelche Bäume gekauft werden.
Für den Pflanzeneinkauf wendet man sich deshalb an eine Markenbaumschule. Es gibt sogar Obstbäume und Beerensträucher aus biologisch-dynamischem Anbau.
Die Obstbäume und Beerensträucher müssen bestimmte Bedingungen erfüllen. Einjährige Veredelungen von Kern- und Steinobst haben wenigstens 90 cm Trieblänge. Das ist die Länge von der Veredelungsstelle bis zur Triebspitze. Eine Ausnahme bilden lediglich schwachwachsende Edelsorten auf M 9-Unterlagen. Sie müssen aber wenigstens 80 cm Trieblänge aufweisen.
Für den Anbau im BTB-System kommen nur einjährige Obstgehölze in Betracht,

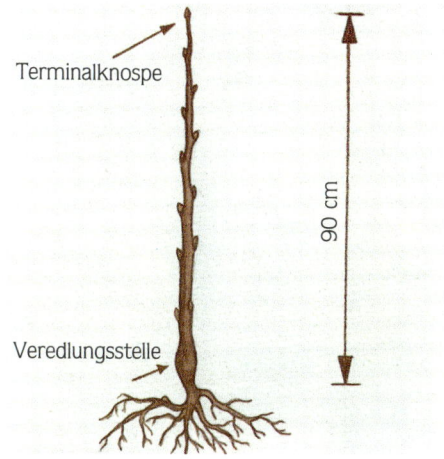

Terminalknospe

90 cm

Veredlungsstelle

Einjährige Veredelung bei Stein- und Kernobst

jedoch keine Veredelungen auf schwachwachsenden Unterlagen wie M 9.
Markenbaumschulen bieten Obstbäume mit gelben und roten Etiketten an. Die Farbe Gelb weist daraufhin, daß das Pflanzgut virusgetestet ist, das bedeutet, daß es frei von allen wirtschaftlich wichtigen Viren ist. Rote Etiketten signalisieren virusfreies, also von allen bisher bekannten Viren freies Pflanzmaterial; zwei bedeutende Fortschritte in der Obstbaumzucht.
Mehrjährige Obstbäume werden nach Stammhöhen eingeteilt, wobei die Stammhöhe vom Erdboden bis zum untersten Kronentrieb gemessen wird.

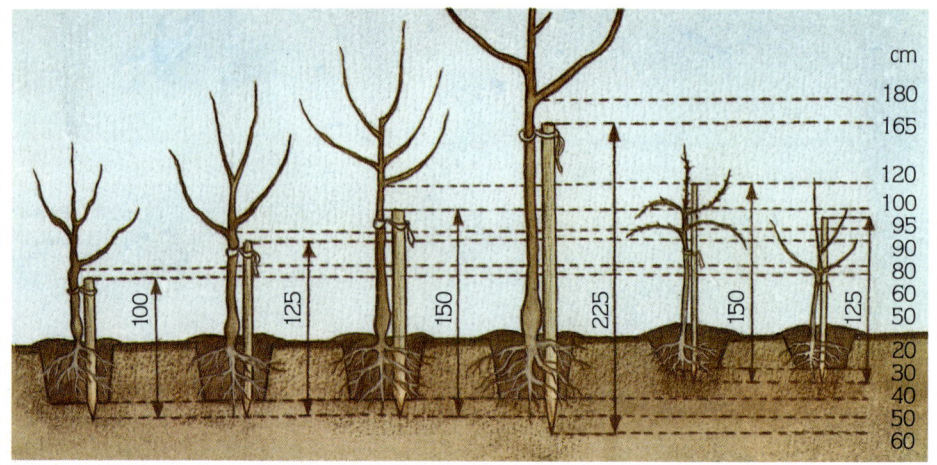

Stammhöhen von Obstgehölzen beim Kauf und die nötigen Holzpfähle als Unterstützung

Stammhöhe beim Kauf

Baumformen	zulässige Stammhöhe
Büsche	40– 60 cm
Niederstämme	60–100 cm
Halbstämme	100–140 cm
Hochstämme	140–180 cm

Der Stammumfang muß bei Hochstämmen in 1 m Höhe 7 cm betragen, bei Halb- und Niederstämmen in halber Stammhöhe 6 cm. Die Kronen mehrjähriger Obstgehölze haben einen Leittrieb und drei Seitentriebe aufzuweisen.

Mehrjährige Obstbäume haben bereits einen Erziehungsschnitt hinter sich. Bei einjährigen Veredelungen kann die gewünschte Kronenform von Anfang an selbst bestimmt werden.

Zwei- und dreijährige Johannisbeer- und Stachelbeersträucher haben mindestens drei kräftige, wenigstens 35 cm lange Triebe. Die Triebe der schwarzen Johannisbeere sind allerdings mindestens 45 cm lang. Die Sträucher sind nach Triebanzahl sortiert.

Johannisbeer- und Stachelbeerstämmchen haben zwei verschiedene Stammhöhen:

Hochstämme	80–90 cm
Fußstämme	40–50 cm

Die Kronen der Stämme müssen wenigstens drei, die der Stachelbeerstämme wenigstens vier kräftige Triebe haben.

Himbeeren und Brombeeren werden als einjährige oder auch als zweijährige verpflanzte Ruten in den Handel gebracht. Erstere sollen eine Höhe von 100 cm haben, letztere von 70 cm.

Bei allen Obstgehölzen achte man auf kräftige Wurzeln.

Für einige Tage kann man Obstgehölze einschlagen.

Der Transport kann Schäden an Trieben und Knospen bringen. Sie brechen leicht ab. Das muß nicht sein, wenn man darauf achtet, daß der Baumschuler die Kronen fachmännisch verschnürt und die Gehölze für den Transport sorgfältig verstaut.

Können die Obstgehölze nicht am selben oder nächsten Tag gepflanzt werden, ist es unbedingt erforderlich, eine flache Grube auszuheben, so daß die Wurzeln darin Platz haben. Die Gehölze werden mit den Wurzeln schräg nach unten in die Grube gelegt und mit dem Aushub bedeckt. Vom Ausgraben der Gehölze in der Baumschule bis zur Pflanzung dürfen Obstgehölze nur im Schatten aufbewahrt werden.

Der Pfahl für das Stämmchen ist zu kurz, der Stamm muß gerade angebunden sein.

Pflanzung und Schnitt

Die bereits Monate vor der Pflanzung gut vorbereiteten und mit Pflanzerde gefüllten Pflanzgruben bieten die beste Gewähr dafür, daß die Obstgehölze an ihrem Standort gut gedeihen werden.

Die Bodenorganismen haben sich inzwischen um die Pflanzerde gekümmert und sie pflanzengerecht aufbereitet. Sogar die Beschaffenheit der Grubenwände und der Sohle hat sich verbessert. Dadurch wird den Wurzeln im Anfangsstadium der Entwicklung das Weiterwachsen erleichtert. Es ist ein Übergang zur festen Bodenstruktur der Umgebung geschaffen worden.

Obstgehölze können im Herbst oder im Frühjahr gepflanzt werden. Da die im Herbst und Winter blattlosen Gehölze kein Wasser verdunsten, können sich die Wurzeln ohne Wassermangel bereits gut an die neuen Gegebenheiten gewöhnen und schon eine Reihe neuer Wurzeln ausbilden. Die Herbstpflanzung geschieht vorwiegend im November.

Aber auch im Frühjahr kann die Pflanzung durchgeführt werden und ist sogar sinnvoll, wenn es sich um frostempfindliche Obst- und Beerenarten handelt. Sie können in kalten Wintern, besonders bei Kahlfrösten, auch Schäden an den Wurzeln erleiden. Zu diesen Obstarten zählen Aprikosen, Brombeeren, Kiwis, Nektarinen und Pfirsiche.

Die bekannte Sorte 'Große grüne Reneklode'; ein Seitenleitast mit kurzem Fruchtholz und reifenden Früchten

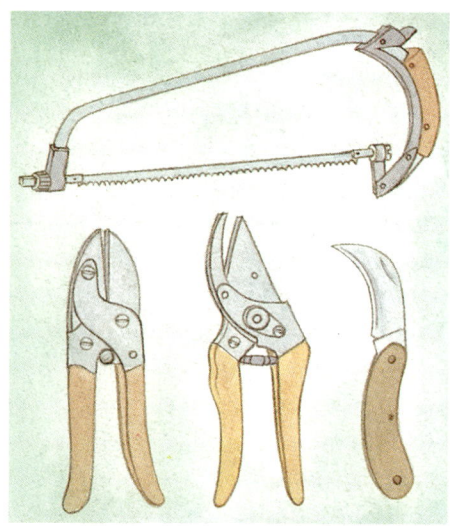

Geräte für den Baumschnitt; oben: eine Bügelsäge, unten von links nach rechts: zwei Baumscheren und eine Hippe

Diese Obstgehölze pflanzt man vorsichtshalber im März, aber auch die unempfindlicheren Obstgehölze können im Frühjahr in den Boden gebracht werden. Dann erwärmt sich der Boden bereits, so daß die Bewurzelung oft schneller vor sich geht als im Herbst und der Vorsprung der Herbstpflanzung bald eingeholt ist.

Am Pflanztag soll die Erde nur leicht feucht, aber nicht ganz trocken oder zu naß sein. Die Pflanzgrube wird so ausgehoben, daß die Wurzelkrone bequem Platz hat.

Die Wurzeln der Obstgehölze müssen für die eigentliche Pflanzung vorbereitet werden. Beschädigte Wurzeln werden mit einer scharfen Baumschere weggeschnitten. Im übrigen sollten alle gesunden Wurzeln nur leicht zurückgenommen werden. Das regt das Wurzelwachstum an, das nach der Pflanzung so schnell wie möglich einsetzen muß. Ein starker Rückschnitt kostet die Pflanze zuviel Kraft, denn nach der Pflanzung muß sie das einsetzende Wurzelwachstum zunächst selbst impulsieren.

Wurzeln werden so beschnitten, daß die Schnittfläche schräg nach unten verläuft. Gesunde Wurzeln zeigen nach dem Abschneiden innen weißes Mark. Kranke Wurzeln sind dagegen innen braun, abgestorbene Wurzeln schwarz. In den beiden letzten Fällen sollte das Gehölz bei der Baumschule reklamiert werden.

Anschließend an den Wurzelschnitt stellt man die Gehölze mit den Wurzeln in ein

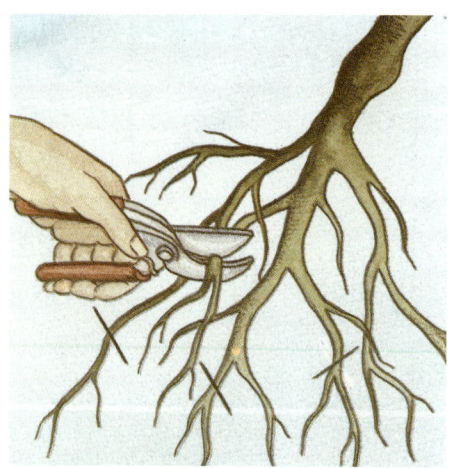

Wurzeln werden schräg nach unten verlaufend abgeschnitten.

Mit der Astschere kommt man auch ins Innere eines Strauches.

Gefäß mit einem biologischen Mittel, das die Bewurzelung fördert, beispielsweise Oskorna-Wurzelstärkung, Alginure-Wurzel-Dip oder Alginure-Tauchmix. Die Zeit für dieses Tauchbad richtet sich nach den Angaben des Herstellers. Manche Anwendung kann für zwölf Stunden empfehlenswert sein, bei Alginure-Wurzel-Dip genügt ein kurzes Eintauchen.

Man kann sich ein Bewurzelungspräparat aber auch ganz leicht selbst herstellen, indem man zwei Teile Lehm oder Bentonit (Tonmehl) und einen Teil gut verrotteten Rinderdünger mit Wasser zu einem geschmeidigen, aber nicht zu dünnen Brei anrührt. Hat man kein genügend großes Gefäß, in dem die Obstbaumwurzeln Platz haben, rührt man die Wurzelstärkung in einer der Pflanzgruben an.

Dem Wasser kann noch ein biologisches Präparat beigegeben werden, das die Wurzelbildung zusätzlich fördert. Hier bieten sich Eusilva oder auch Algifert-Plus-Flüssigextrakt an. Das weiße Mineralpulver Biosmon sollte ohnehin jedem Wasser zugesetzt werden, mit dem Pflanzen in Berührung kommen. Es gibt dem Leitungswasser seine natürliche Spannkraft wieder. Es verbessert auch Regenwasser, denn Biosmon

bindet Chlor und läßt freie Kohlensäure entstehen. Außerdem wirkt es positiv auf den osmotischen Druck der Pflanzenzellen. Das wirkt sich günstig auf die Nährstoffbeförderung in den Wurzeln aus.

In diesen angerührten Brei wird die Wurzel jedes Obstgehölzes vor der Pflanzung kurz eingetaucht.

Kern- und Steinobst – richtig gepflanzt

Für die Pflanzung selbst muß man sich zwischen zwei grundverschiedenen Möglichkeiten entscheiden. Das sind die vorwiegend immer noch übliche, bei der die Veredelungsstelle über der Erde liegt, und die BTB-Methode mit grundsätzlich einjährigen Gehölzen, bei der die Unterlage nur im ersten Standjahr eine Anwachshilfe ist, die Veredelungsstelle jedoch 5–10 cm unter die Erde gebracht wird.

Bei der Pflanzung von Obstgehölzen sind bei nicht standfesten Sorten-Unterlagen-Kombinationen Holzpfähle erforderlich, falls die Gehölze einzeln stehen sollen.

In jede ausgehobene Grube wird handbreit vom Mittelpunkt auf der Seite, aus der am häufigsten der Wind kommt, ein Pfahl etwa 15 cm tief in den Grubengrund geschlagen. Meist ist es die Westseite. Steht allerdings das Wohnhaus im Westen oder ist dort ein Hügel, so kann die Hauptwindrichtung auch anders liegen. Diese Maßnahme soll verhindern, daß der Stamm bei Wind gegen den Pfahl gedrückt wird.

Ist der Pfahl eingeschlagen, wird der Obstbaum so in die Mitte des Pflanzloches gehalten, daß die Hand zwischen Pfahl und Stamm Platz hat.

Das Pflanzen macht man am besten zu zweit. Einer hält den Baum so in die Pflanzgrube, daß die Veredelungsstelle über dem Bodenniveau ist und der andere die Erde in die Grube füllen kann. Dann wird die Erde angedrückt oder vorsichtig angetreten.

Beerensträucher werden etwas tiefer

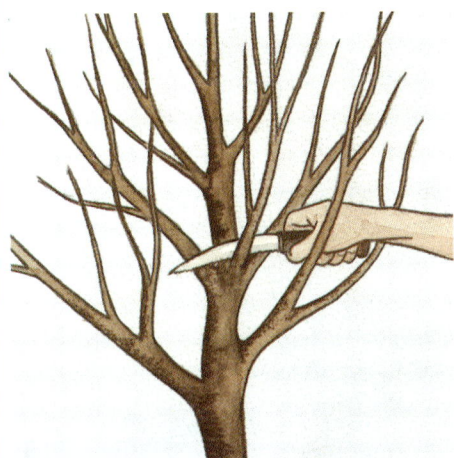

Mit der Schwertsäge kann man auch im Inneren des Baumes Äste absägen.

 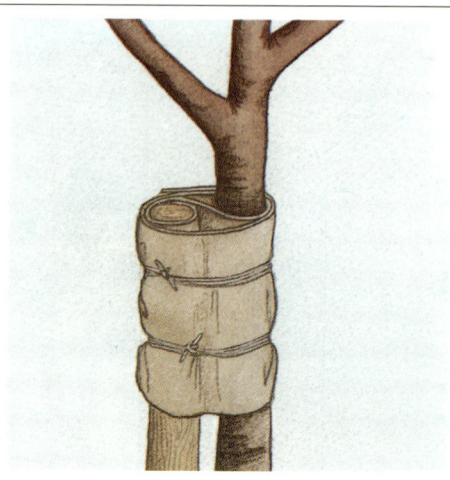

Zwischen Pfahl und Stamm muß ein Zwischenraum sein.

Ein breiter Sackleinenstreifen wird zwischen Stamm und Pfahl durchgezogen.

gepflanzt, als sie in der Baumschule standen, damit sie am Wurzelhals zusätzliche Wurzeln oder Neutriebe bilden können. Die Erde setzt sich in der ersten Zeit etwas. Deshalb kann einige Zentimeter über das Bodenniveau aufgeschüttet werden, vor allem zum Rand der Baumscheibe zu, damit das Wasser bei der anschließenden Bewässerung in den Wurzelbereich läuft.

Dann wird zunächst der Baumstamm etwas unterhalb der Baumkrone mit in breite Streifen geschnittenem Sackleinen oder Rupfen mit einer Achterschlinge an den Holzpfahl gebunden. Es gibt auch Baumband, bei dem ein Puffer zwischen Stamm und Pfahl kommt. Im Laufe des Jahres muß das Band öfter kontrolliert und, falls der Stamm dicker geworden ist, nachgelassen werden.

Etiketten, die mit Draht am Obstgehölz angebunden sind, sollten sofort nach der Pflanzung entfernt werden. Der Draht schnürt den dicker werdenden Stamm oder Ast, an dem er hängt, ein. Das behindert den Saftstrom, so daß solch ein Baum sogar absterben kann.

Nun wird gründlich gewässert. Nur bei genügendem Wassergehalt der Pflanzerde kann sich eine Verbindung zwischen Wur-

zelenden und Erde bilden, die die Nährstoffaufnahme ermöglicht. Deshalb ist eine gründliche erste Wässerung so wichtig und auch nicht durch späteres Wässern in ihrer Wirkung zu übertreffen.

Die erste Wässerung sollte genügen, um die Verbindung zwischen Erde und Wurzelspitzen zu bewirken. Dann müssen die Wurzeln allein weiterwachsen und Wasser und Nährstoffe suchen. Werden die neu gepflanzten Obstgehölze durch öfteres Gießen zu sehr verwöhnt, müssen sie immer wieder gegossen werden. Das darf jedoch höchstens bei anhaltender Trockenheit bei Flachwurzlern nötig werden. Auch dann ist ein einmaliges durchdringendes Wässern besser als mehrmaliges Gießen kleiner Wassermengen.

Zum Abschluß der Pflanzung erhält die Baumscheibe noch eine Bodenbedeckung aus organischen Abfällen. Dadurch trocknet die obere Bodenschicht nicht aus, bleibt krümelig und wird von Bodenorganismen bearbeitet. Diese sorgen dafür, daß die Mulchschicht allmählich verrottet. Auf diese Weise wird der Boden stetig nachgedüngt.

Besonders günstig ist Rindenmulch, der 5 cm hoch auf die Baumscheibe geschüttet

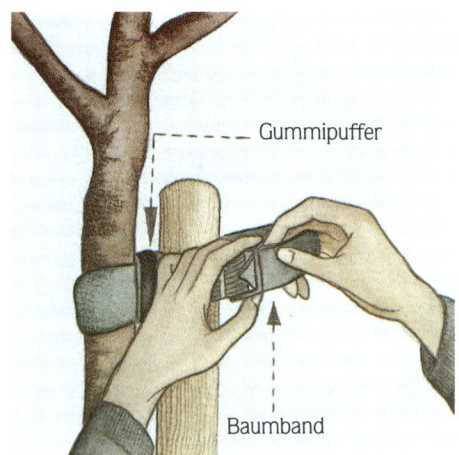

Das Baumband hat einen Puffer. Die Schnalle muß ab und zu nachgelassen werden.

Der Konkurrenztrieb und überzählige Seitenleittriebe werden weggeschnitten.

wird. Der Harzduft der Baumrinde strömt in die Baumkrone und hält Blattläuse fern. Aber auch nichtrankende Kapuzinerkresse als Unterpflanzung der Bäume hat sich bewährt. Kapuzinerkresse vertreibt Blutläuse, die sich gern an Apfelbäume heranmachen, falls es sich nicht um gegen diese Läuse widerstandsfähige Sorten handelt.

Die Mulchschicht hält die Baumscheibe auch frei von Wildkräutern, was besonders in den ersten Jahren wichtig ist. Genauso abträglich wie Wildkräuter sind, ist eine Grasnarbe vor allem in den ersten Jahren. Die Graswurzeln konkurrieren mit den flach unter der Erde liegenden Wurzeln der neu gepflanzten Obstgehölze.

Pflanz- und Erziehungsschnitt

In der Regel werden dem Haus- und Schrebergärtner von den Baumschulen zweijährige Obstbäume angeboten, bei denen im ersten Jahr der Trieb, im zweiten Jahr die Baumkrone entwickelt wurde.

Nach der Pflanzung des Obstbaumes erfolgt der erste Schnitt, der Pflanzschnitt. Er

ist nötig, weil die vor dem Pflanzen zurückgeschnittenen Wurzeln nicht in jedem Fall in der Lage sind, alle Äste der Baumkrone ausreichend mit Nährstoffen zu versorgen. Außerdem regt der Rückschnitt den Neuaustrieb an, und schließlich soll die Baumkrone in die gewünschte Form gebracht werden.

Zunächst werden überzählige Triebe ausgelichtet. Dann ist der Konkurrenztrieb bis zum Astring, also bis dicht an den Stamm, zurückzuschneiden. Dabei kann auch manchmal der Konkurrenztrieb zum Haupttrieb werden, wenn letzterer beschädigt oder schwächer ist.

Dann soll eine lockere Krone aufgebaut werden. Die Rundkrone hat normalerweise drei Leitäste. Es gibt aber sortenbedingt auch Kronen mit vier Leitästen.

Die Leitäste werden so ausgewählt, daß sie auf unterschiedlichen Höhen aus dem Haupttrieb kommen. Außerdem sollen sie von oben gesehen möglichst gleichmäßig um den Haupttrieb angeordnet sein. Dabei ist auch zu berücksichtigen, daß waagerecht aus dem Haupttrieb kommende Äste besser verankert sind als steiler stehende. Die flacher verlaufenden Triebe findet man unten. Sie sind für den Kronenaufbau vor-

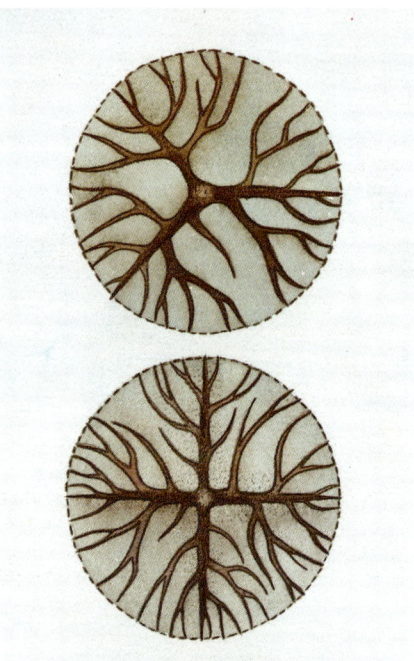

Aufsicht auf zwei Baumkronen; die Seiten-leitäste sollten möglichst regelmäßig um den Haupttrieb plaziert sein. Oben: Krone mit drei Leitästen; unten: Krone mit vier Leitästen

den. Je nach Sorte haben Obstbäume steiler oder flacher wachsende Seitentriebe. Da die steileren nicht so gut verankert sind wie die flacher wachsenden Triebe, eignen sie sich nicht so gut als Leitäste, denn der fruchttragende Leittrieb hat eine große Last zu tragen.

Da ist es besser, herunterhängende Leitäste höher zu binden. Leitäste sollten zum Hauptleittrieb in Winkeln zwischen 45 und 90° stehen. Ein nur leicht steil stehender Leittrieb kann auf 45° heruntergebunden oder -gespreizt werden, aber mehr sollte man ihm nicht zumuten.

Beobachtungen haben bestimmte Wachstumsgesetze ergeben. Steiler stehende Triebe wachsen rascher, waagerechter stehende langsamer. Am schnellsten wächst der Haupttrieb. Die waagerechten oder hängenden Triebe hören fast ganz auf zu wachsen und werden zu Fruchtholz. Sie werden Fruchtbögen genannt. Ebenso wachsen aus den Seitentrieben der Leitäste und denen des Haupttriebes Fruchtspieße (maximal 10 cm lang) und Fruchtruten (zwischen 10 und 30 cm lang).

Beim Herunterneigen eines Triebes durch schwerer werdende Früchte, aber auch

zuziehen. Die anderen Triebe schneidet man bis zum jeweiligen Astring weg.

Bei Sauerkirschen, Pfirsichen und Aprikosen, die oft als einjährige Büsche verkauft werden, kommt es vor, daß sich bereits am einjährigen Haupttrieb noch im selben Jahr Triebe bilden, die sogenannten vorzeitigen Triebe. Alle, die bis zu einer Stammhöhe von 60–80 cm vorkommen, müssen auf Astring weggeschnitten werden.

Sind allerdings nur im unteren Sproßbereich Triebe gewachsen, dann läßt man vorerst ein bis zwei schwächere Triebe stehen, damit sie das Bäumchen miternähren können. Die im Kronenbereich wachsenden vorzeitigen Triebe werden für die Baumkrone als Leitäste mitverwendet.

Als nächstes muß die Winkelstellung der Leittriebe zum Haupttrieb überprüft wer-

Der Trieb am Scheitelpunkt eines heruntergebogenen Seitentriebes erfährt eine Wuchsförderung.

durch das Herunterbinden, entsteht am höchsten Punkt des Astes auf der Oberseite eine Triebförderung, die normalerweise bei dem Trieb entsteht, der dem Haupttrieb am nächsten wächst. Beim jüngeren Baum ist diese Triebförderung stärker.

Trotzdem ist es dadurch möglich, Bäume zu verjüngen. Man bindet zunächst die Leittriebe in Bogen nach unten. Dadurch entwickelt sich am Scheitelpunkt oberseitig ein gegenüber den anderen längerer Trieb. Ist dieser gut ausgebildet, kann man ihn durch Wegschneiden der ursprünglichen Leitastspitze zum Leittrieb machen. Diese Möglichkeit sollte beim Kronenaufbau gleich mitbedacht werden.

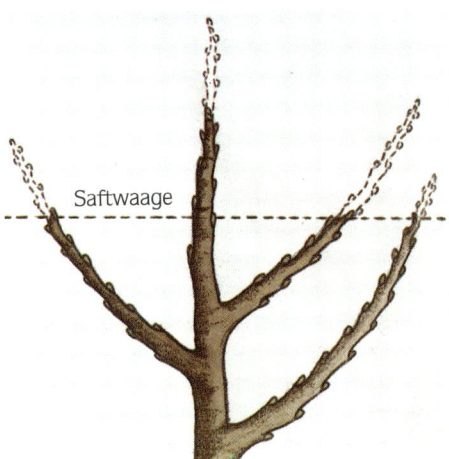

Beim Rückschnitt nach der Pflanzung wird zuerst der mittlere Seitenleittrieb um ein Drittel gekürzt, dann werden die beiden anderen auf gleiche Höhe gebracht und zuletzt der Mitteltrieb eine Handbreit über den Seitentrieben eingekürzt.

Verschiedene   Austriebsförderungen   bei Knospen

Läßt sich die Verteilung der Leitäste mit den vorhandenen Trieben nicht befriedigend lösen, muß der noch fehlende Leittrieb durch einen im folgenden Jahr seitlich aus dem Haupttrieb wachsenden Neutrieb entwickelt werden.

Um sicher zu sein, daß sich die von der Stellung her geeignete Knospe auch richtig entwickelt, macht man oberhalb der Knospe mit der Hippe einen Kerbschnitt, so daß der Saftstrom in die Knospe geleitet wird. Die

Rinde muß dabei bis auf das Holz durchgeschnitten und der Rindenstreifen herausgelöst werden.

Nun erfolgt der eigentliche Rückschnitt der einjährigen Krone. Als Faustregel gilt, daß die Kronentriebe um ein Drittel auf eine nach außen weisende Knospe zurückgeschnitten werden. Die Seitenleitäste sollen sich nach dem Schnitt in Saftwaage befinden, das heißt, sie sollten auf derselben Höhe enden, damit sie gleich stark durchtreiben. Nicht immer werden alle Leittriebe gleich lang gewachsen sein. Da aber bei stärkerem Verkürzen eines Triebes das Wachstum beschleunigt wird, kann man regulierend eingreifen. In den darauffolgenden Jahren stellt sich dann ein Gleichgewicht ein.

Der Haupttrieb wird etwa eine Handbreit bis zu einer Handlänge über den Seitenleittrieben weggeschnitten. Dabei soll die oberste Knospe über der liegen, die im Jahr davor nach dem Rückschnitt in der Baumschule die oberste war. Das führt zu einem geraden Wuchs des Haupttriebes und wird

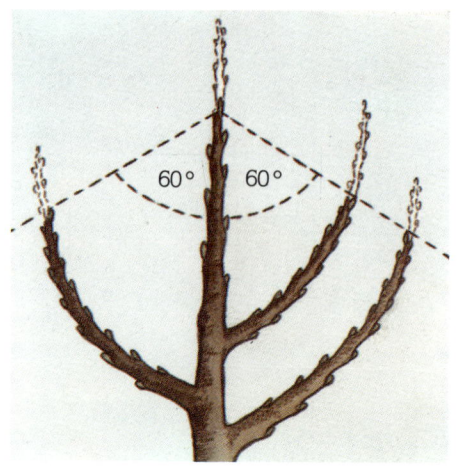

Rückschnitt im Winkel von 60°. Die Reihenfolge ist wie beim Saftwaageschnitt.

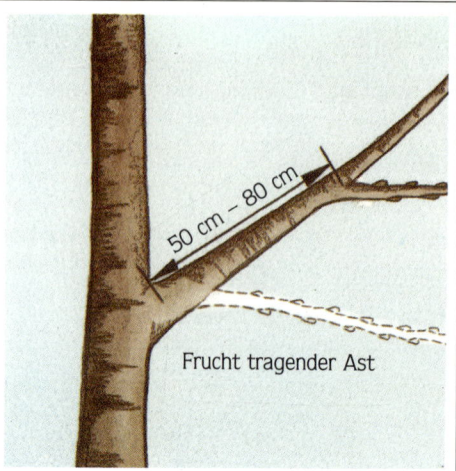

Frucht tragender Ast

In der Nähe des Haupttriebes sollten keine fruchttragenden Äste sein.

bei jedem weiteren Schnitt genauso gehandhabt.

Es läßt sich beim Rückschnitt aber auch so verfahren wie in den folgenden Jahren üblich, in denen ein Winkel von 120° vom Haupttrieb zu den Seitenleitästen angelegt wird.

Ist ein Jahr um und der nächste Schnitt erforderlich, so kann man beurteilen, ob der Pflanzschnitt richtig war. Dabei ergeben sich folgende Möglichkeiten.

Wenn aus nahezu allen Knospen kräftige, vorwiegend steil stehende Triebe hervorgegangen sind, ist zu wenig abgeschnitten worden. Dann muß insgesamt mehr weggeschnitten werden. Haben sich dagegen nur wenige kurze Triebe entwickelt, dann müssen beim zweiten Schnitt in der Regel kürzere Triebstücke abgeschnitten werden.

Vor dem zweiten Schnitt entfernt man zunächst alle Spreizhölzer und löst die auf- oder heruntergebundenen Äste. Dann werden Konkurrenztriebe am Haupt- und an den Seitenleittrieben bis auf Astring entfernt, ebenso senkrechte Triebe. Haben sich bereits mehrere Seitentriebe an den Leitästen ausgebildet, so sind die nah am Haupttrieb wachsenden ebenfalls wegzuschneiden. Wachsen Leitastverlängerungen nicht gerade weiter, so müssen sie geschient werden. Geschädigte Leitastverlängerungen sind auf einen tiefer stehenden Seitentrieb abzuleiten und eventuell ebenfalls zu schienen. An der Hauptachsenverlängerung sollten sich zwei oder drei weitere kräftige Seitentriebe entwickelt haben, mit denen die Krone vervollständigt wird. Sie werden gegebenenfalls formiert. Diese jährlichen Erziehungsschnitte setzt man so lange fort, bis ein kräftiges Astgerüst aufgebaut ist, das sich durch den nun zunehmenden Fruchtbehang nicht mehr verändert. Wann dieser Zeitpunkt eintritt, richtet sich nach der Wuchskraft des Baumes, die wieder von der Obstart und -sorte abhängt.

Manche Obstbäume, wie beispielsweise die Süßkirsche, neigen bei dieser Pflanzungsart dazu, nach etwa fünf bis sechs Jahren zu hoch zu werden. Jeder Schnitt und die Ernte wird zum halsbrecherischen Wagnis. Dann müssen die Leittriebe auf waagerechte Seitentriebe abgeleitet werden.

Für ältere Bäume braucht man sowohl zum Schnitt als auch für die Ernte eine Stehleiter, der Platten unter die Standbeine montiert werden sollen.

Instandhaltungsschnitt

Das Wachstum der Obstgehölze klingt mit zunehmenden Erträgen ab. Das bedeutet aber keineswegs, daß von da ab ganz auf den jährlichen Schnitt verzichtet werden kann.

Jetzt gilt es, über möglichst lange Zeit das Gleichgewicht zwischen Holzzuwachs, Fruchtholzverjüngung und Ertrag zu wahren.

Durch reichen Fruchtbehang können einzelne Leitäste beispielsweise ihre Stabilität verlieren. Bei jüngeren Bäumen kann man dann den Rückschnitt der Leitäste wieder für einige Jahre durchführen oder den Spitzenbereich entlasten, indem man das Fruchtholz auslichtet.

Das Fruchtholz muß in diesem Fall zunächst abgeschnitten werden. In den nächsten Jahren werden im Frühjahr lediglich zuviel werdende Knospen ausgebrochen.

Bei älteren Bäumen verjüngt man die Leitäste. Dabei wird der obere Teil der Hauptachse von einem Konkurrenztrieb abgelöst, während bei den Seitenleitästen die Ständertriebe am Scheitelpunkt gefördert und nach entsprechender Kräftigung zu Seitenleittriebspitzen gemacht werden.

Ältere Obstgehölze werden jedes Jahr ausgelichtet. Konkurrenztriebe müssen weggeschnitten, Wasserschosse und zu dicht am Hauptleitast auf den Seitenleitästen wachsende Triebe entfernt werden. Denn zum einen muß die Rangordnung des Kronengerüstes gewahrt bleiben, zum anderen kann sich Fruchtholz nur dort bilden, wo die Lichtverhältnisse günstig sind.

Schnittzeiten

Über lange Zeit ist vorwiegend der Herbst- und Winterschnitt praktiziert worden. Heute gibt man besonders bei den Obstarten, die früh geerntet werden, dem Sommerschnitt den Vorzug. Aber selbst späten Äpfeln und Birnen tut eine Auslichtung gut, weil man besser beurteilen kann, welche Fruchtruten mehr Sonne brauchen. Die Größe und Ausfärbung der Früchte sowie die Verminderung der Stippe spricht für den Sommerschnitt.

Weitere Vorteile sind, daß die Bäume durch den Wegschnitt nicht verwertbarer Triebe viele Aufbaustoffe einsparen, die entweder überhaupt nicht aufgenommen werden müssen oder in die wichtigen Teile der

Ableiten zu hoch werdender Obstbäume auf waagerechte Triebe

Wiederaufbau einer älteren Baumkrone durch Ständertriebe

Beseitigung eines Ständertriebes

Pflanze gehen und außerdem den Früchten zugute kommen.

Die Verminderung des Triebwachstums spiegelt sich in der Wurzel als Depression wider. Bei zu stark wachsenden, jüngeren Bäumen und bei zu dicht stehenden Pflanzungen ist diese Wurzelhemmung jedoch geradezu erwünscht.

Außerdem muß bedacht werden, daß bald nach der Ernte die Entwicklung der Blüten- und Blattknospen für das nächste Jahr beginnt. Es ist nicht einzusehen, daß Nährstoffe an Triebe, die man im Winter abschneidet, verschwendet werden, statt daß sie in die Knospenentwicklung gehen.

Die BTB-Methode

Diese seit etwa 25 Jahren praktizierte Methode hat gerade auch im biologisch betreuten Haus- und Schrebergarten viele Pluspunkte für sich, denn sie bringt bei früh einsetzendem Ertrag gesundes Obst hervor, das sich vom Boden aus bequem pflücken läßt, und erfordert keinen Schnitt.

Pavao Krišković hatte sich vor Jahren die Aufgabe gestellt, im Erwerbsanbau ohne chemische Schädlingsbekämpfungsmittel Qualitätsobst anzubauen.

Er übernahm von Frankreich die Methode Bouché-Thomas und ergänzte sie durch das System Barka (= Boot), das die Bäume nach einer verhältnismäßig kurzen Erziehungszeit wie Boote aussehen läßt.

Pflanzung

Im Erwerbsanbau wird bei dieser Methode in Reihen in Nord-Süd-Richtung gepflanzt. Ein oder zwei Reihen Obstbäume lassen sich oft auch im Garten anlegen, aber man kann auch bei dieser Art des Anbaus einzelne Bäume anpflanzen.

Zunächst wird ein Markierungsstab in den Boden geschlagen. Dann wird als Pflanzgrube ein Dreieck ausgehoben, dessen Höhe etwa 30 cm beträgt. Die Grube ist ebenfalls 30 cm tief. Eine Spitze des Dreiecks zeigt nach Süden und endet dort, wo der Stab steht.

Nun wird der einjährige Baum nach Wurzelbeschnitt und Bewurzelungsförderungsbad in einem Winkel von 30° in die Pflanzgrube gelegt. Die Veredlungsstelle liegt 5–10 cm unter dem Bodenniveau, der einjährige Trieb weist nach Süden.

Die Wurzeln müssen in der Grube genauso locker Platz haben wie bei der herkömmlichen Pflanzmethode. Anschließend wird die vorbereitete gut verrottete Pflanzerde

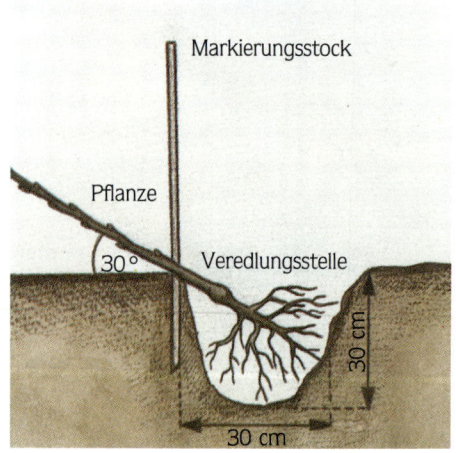

Schrägpflanzung bei der BTB-Methode

eingefüllt. Man kann sogar noch zusätzlich eine dünne Schicht gut verrotteten reinen Rinderdungkompostes in den Wurzelbereich streuen. Dann füllt man die Pflanzgrube endgültig bis zum Rand und drückt die Erde leicht an. Man darf sie auf keinen Fall antreten. Zum Schluß wird gründlich gewässert. Nach 8–14 Tagen erst tritt man die Erde um den Baum vorsichtig an und füllt fehlende Pflanzerde wieder bis zum Bodenniveau auf.

In der ersten Vegetationsperiode ist das Wachstum der Obstbäume bei dieser Methode nicht besonders üppig. Das ist vorwiegend durch die schräge Pflanzung bedingt. Die Obstbäume sollen sich während des ersten Jahres an ihren endgültigen Standort und an die neue Lage gewöhnen. Die Wurzeln müssen sich mit der Erde verbinden und anfangen zu wachsen. Unter diesen Voraussetzungen bilden sich dann auch einige kräftige Knospen am schräg gepflanzten Haupttrieb aus.

Bei Vegetationsbeginn treibt in der Regel zuerst die Knospe an der Spitze des einjährigen Triebes aus. Falls diese Terminalknospe beschädigt oder herausgebrochen ist, wird eine unterhalb der Triebspitze nach unten stehende Knospe ausgesucht und der Trieb bis zu dieser Knospe zurückgeschnit-

ten, damit sich eine neue Triebspitze entwickeln kann. In der Nähe der Terminalknospe stehende, gut entwickelte Knospen werden wegen der Konkurrenzgefahr ausgebrochen.

Bei gesunden einjährigen Obstbäumen mit kräftigen Wurzeln der Unterlage entwickelt sich am Fuß des einjährigen Triebes im ersten Sommer bereits ein starker Jungtrieb, der senkrecht nach oben wächst. Dieser und seitlich wachsende Triebe dürfen sich ungestört entwickeln. Dagegen werden senkrecht aus dem schräg gepflanzten einjährigen Trieb wachsende Neutriebe, die Ständertriebe oder Reiter, bis auf Astring abgeschnitten. Dadurch kräftigen sich der Trieb aus der Terminalknospe und der senkrecht wachsende am Fuß des Baumes. Im zweiten Jahr nach der Pflanzung wird das Wachstum der beiden Haupttriebe durch dieselben Maßnahmen gefördert. Wieder werden Ständertriebe entfernt. Seitliche Triebe dürfen ungehindert weiter wachsen.

Sobald der senkrecht wachsende Neutrieb Höhe und Dicke des schräg gepflanzten Triebes erreicht hat, wird er so nach Norden gebogen, daß er im selben Winkel zum Bodenniveau steht wie der Südtrieb; anders gesagt ergibt sich zwischen den beiden Trieben ein Winkel von 120°.

Die Übereinstimmung in Höhe und Umfang ist meist noch vor dem Wachstumsabschluß im zweiten Sommer nach der Pflanzung erreicht. Diese Gleichheit der beiden Triebe gewährleistet gleichmäßiges Wachstum. Kurz nach dem Abbiegen des senkrechten Triebes entwickeln sich viele Blütenknospen, die bereits im dritten Sommer nach der Pflanzung den ersten Ertrag bringen.

Steinobstgehölz neigt dazu abzubrechen. Besonders bei Pfirsichen, Zwetschen und Aprikosen muß der senkrechte Trieb vorsichtig abgebogen werden. Deshalb muß auf ein rechtzeitiges Herunterbinden geachtet werden.

Auch jetzt sollen sich die seitlichen Triebe an den beiden Leittrieben weiterentwickeln.

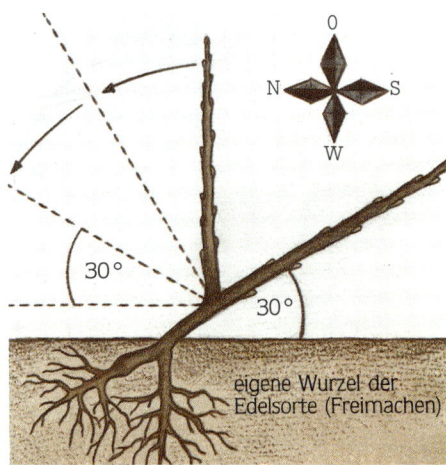

Abwinkeln des neuen Triebes

Sind es zu viele, werden sie auf 20–30 cm Abstand auf jeder Seite ausgedünnt. Die Seitentriebe sollten sich nicht gegenüberliegen, sondern im Wechsel stehen. Außerdem ist jede Verzweigung zu vermeiden. Entsteht eine Gabelung oder ein Konkurrenztrieb, wird immer der nach innen wachsende abgeschnitten.

Schon am Ende des zweiten Jahres, ganz bestimmt aber zu Beginn der dritten Vegetationsperiode treibt der Baum kräftig durch. Das ist das Zeichen dafür, daß sich inzwischen eine Wurzel oberhalb der Veredelungsstelle aus der Edelsorte gebildet hat, das heißt, die Sorte macht sich von der Unterlage frei.

Dieses Freimachen der Edelsorte macht die Obstbäume widerstandsfähig gegen Schadinsekten und Pflanzenkrankheiten und unempfindlich gegen Trockenheit. Es führt schneller zu guten Erträgen, und außerdem ist die Qualität der Früchte ausgezeichnet.

Im dritten Jahr nach der Pflanzung über-

Kronenaufbau bei der BTB-Methode mit Abwinkeln der Seitenleitäste

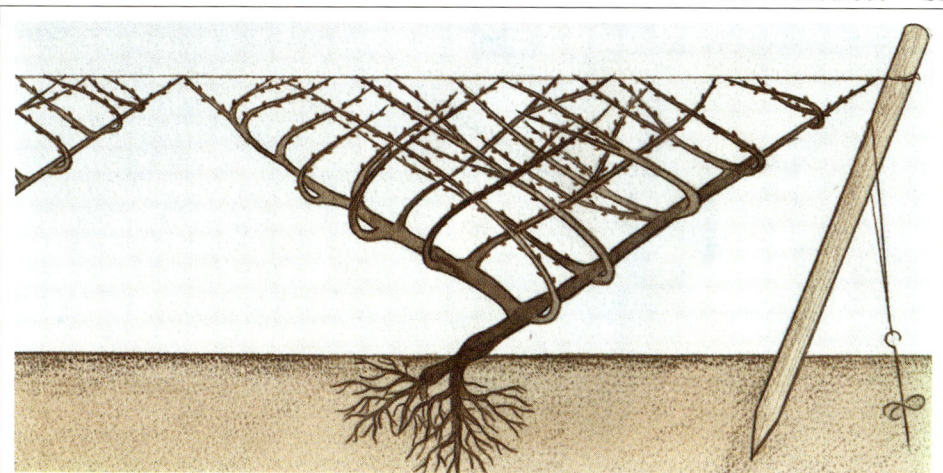

Drahtrahmen für Bäume, die nach der BTB-Methode erzogen wurden

prüft man den nach Norden abgebogenen Trieb auf seine Winkelstellung und korrigiert ihn, falls es nötig ist.

Wenn die seitlich der beiden Haupttriebe sich entwickelnden Jungtriebe kräftig gewachsen sind und eine Länge und Dicke erreicht haben, die sie zum Ansatz von Fruchtholz geeignet machen, bindet man die Triebe in entgegengesetzter Richtung des jeweiligen Haupttriebes im Winkel von 30° und seitlich nach außen.

Dadurch entsteht im Innern der Krone ein Hohlraum, der das Sonnenlicht ungehindert zum Fruchtholz gelangen läßt.

Der Winkel von 30° führt zum Ansatz von Blütenknospen. Anfangs läßt man mehr Jungtriebe senkrecht wachsen, um sie dann abzubiegen. Später, wenn der Kronenaufbau abgeschlossen ist, kontrolliert man im Frühjahr zu Beginn des Austriebes den Innenbereich der Krone auf Triebknospen. Es werden dann nur so viele stehengelassen, wie man zur Ergänzung oder Verjüngung der Krone braucht. Die übrigen werden herausgebrochen, so daß sich jeglicher Baumschnitt erübrigt, es sei denn, es muß ein beschädigter Zweig entfernt werden.

Die Blütenknospen lassen sich im Frühjahr gut von Blatt- und Triebknospen unterscheiden. Erstere schwellen und sind mehr rund, während letztere langgestreckt sind. In der Reihe wachsende Bäume unterstützen sich bei der BTB-Methode gegenseitig. Besteht die Reihe allerdings nur aus wenigen Obstbäumen, ist ein Drahtrahmen zu empfehlen, der an jedem Ende der Reihe schräg nach außen gerichtet einen Pfahl hat. Die beiden Pfähle sind durch nur einen Draht unterhalb der Triebspitzen der Hauptleitäste verbunden. An diesen Draht werden die Hauptleitäste angebunden.

Die Erträge setzen bei Bäumen, die nach der BTB-Methode erzogen sind, früh ein. Obstsorten, die zu Alternanz, dem Wechsel zwischen einem Jahr mit großem und einem mit keinem nennenswerten Ertrag, neigen, verlieren bei der BTB-Methode diese nachteilige Eigenschaft.

Die Baumscheiben sind genauso zu behandeln wie bei der herkömmlichen Obstanbaumethode.

Auch alle anderen vorbeugenden und pflegenden Maßnahmen entsprechen denen, die sonst im biologischen Obstanbau durchgeführt werden. Vor allem werden die Obstbäume zu den angegebenen Zeiten mit den Präparaten Hornmist und Hornkiesel behandelt (siehe Seite 98). Auch Preikobaktanstriche und -spritzungen sollten nicht vernachlässigt werden.

Pflanzung und Schnitt von Beerensträuchern

Die Pflanzvorbereitungen sind für Beerensträucher und -stämme dieselben wie für Obstbäume. Die kleineren Wurzelkronen der Beerengehölze gestatten entsprechend kleinere Pflanzgruben.

Das Wachstum des Strauches ist allerdings anders als das des Obstbaumes, denn der Strauch weist keinen Stamm auf. Mehrere etwa gleich starke Triebe entwickeln sich unmittelbar aus dem Wurzelstock. Das gilt in ähnlicher Weise auch für das Beerenobststämmchen, denn die Unterlage ist in Kronenbeginnhöhe veredelt. Aus dieser kommt immer wieder der neue Austrieb.

Zwar treiben junge Beerensträucher anfangs auch Seitentriebe und haben eine Verlängerung des Triebwachstums, aber bald klingt dieser Jahreszuwachs ab. Die Erneuerung der Sträucher wird durch Austrieb aus den unteren Knospen im Bodenbereich bewirkt.

Rote, weiße und schwarze Johannisbeeren, aber auch Josta- und Stachelbeersträucher werden am besten mit fünf bis sieben kräftigen Trieben erworben. Da man nach der Pflanzung nur vier bis fünf Triebe stehenläßt, ist es nicht sinnvoll, Sträucher mit mehr als sieben Trieben zu kaufen.

Alle diese Sträucher werden 5–10 cm tiefer gepflanzt, als sie ursprünglich standen. Sie entwickeln dann im Wurzelhalsbereich zusätzliche Wurzeln. Eine kräftige Wurzelkrone ist die Voraussetzung für einen kraftstrotzenden Strauch.

Nach der Pflanzung wählt man bei jedem Beerenobststrauch die vier bis fünf stärksten Triebe aus und achtet auch auf ausreichende Abstände dazwischen. Die überzähligen Triebe werden auf Bodenniveau weggeschnitten.

Die Leittriebe werden anschließend auf die Hälfte und auf eine nach außen gerichtete Knospe zurückgeschnitten. Bei zentraler Stellung eines Triebes wird er zum Mitteltrieb gemacht und um zwei bis drei Knospen höher abgeschnitten. Ohne Mitteltrieb bekommen die Früchte in den meisten Fällen allerdings mehr Sonne.

Beerenobst braucht gleichmäßig feuchten Boden. Deshalb wird nach der Pflanzung nicht nur gründlich angegossen, sondern anschließend der gesamte Wurzelbereich gemulcht, damit Wachstumstockungen und Läusebefall vermieden werden. Hat man kein organisches Mulchmaterial zur Verfügung, ist auch hier Rindenmulch oder Lavagranulat sehr geeignet. Letzteres hält den Boden nicht nur feucht, sondern auch locker und erwärmt ihn durch seine dunkle Farbe. Außerdem stellt Lavagranulat eine Langzeitdüngung dar, denn es zerfällt allmählich und wird dann erst von den Bodenorganismen in den Humus eingebaut.

Johannisbeersträucher lassen sich auch als Spalier ziehen. Der Drahtrahmen bekommt drei Spanndrähte. Am untersten werden die drei oder vier kräftigsten Leittriebe angebunden und zurückgeschnitten. In der ersten Vegetationsperiode läßt man zwei weitere Triebe als Ergänzung stehen. Alle anderen werden weggeschnitten. Nach ungefähr vier oder fünf Jahren beginnt der Verjüngungsschnitt.

5 cm – 10 cm

Stand in der Baumschule

Pflanzung und Schnitt bei Johannisbeeren

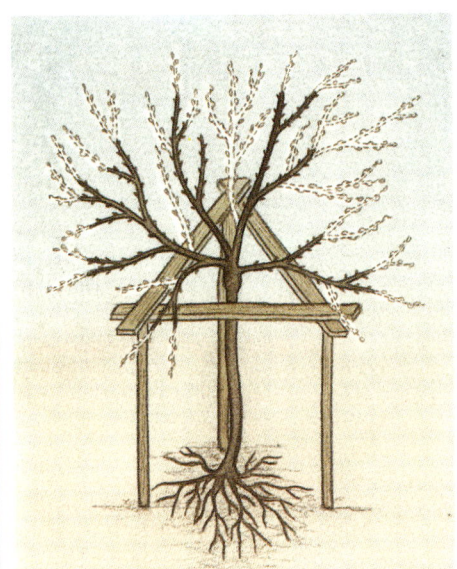

Gerüst für Beerenstämmchen

Bei Beerenobststämmchen haben sich neben stabilen Pfählen, die wegen der Bruchgefahr an der Veredlungsstelle in die Krone hineinragen sollten, auch sehr gut dreieckige Gestelle bewährt, auf denen die Beerenobstkrone aufliegt.

Himbeeren

Die Ruten der Himbeere werden ein- oder zweijährig angeboten. Letztere sind bereits einmal verpflanzt. Während einjährige Himbeerruten 100 cm lang sein sollten, genügen bei zweijährigen 70 cm. Besonders wichtig ist, daß die Ruten gut bewurzelt sind und wenigstens eine Wurzelknospe haben.

Himbeeren brauchen einen Standort mit leicht saurem, lehmhaltigem Boden in lichtem Schatten. Sie können am Zaun oder an einem Drahtrahmen gezogen werden.

Nach der Pflanzung im September, Okto-

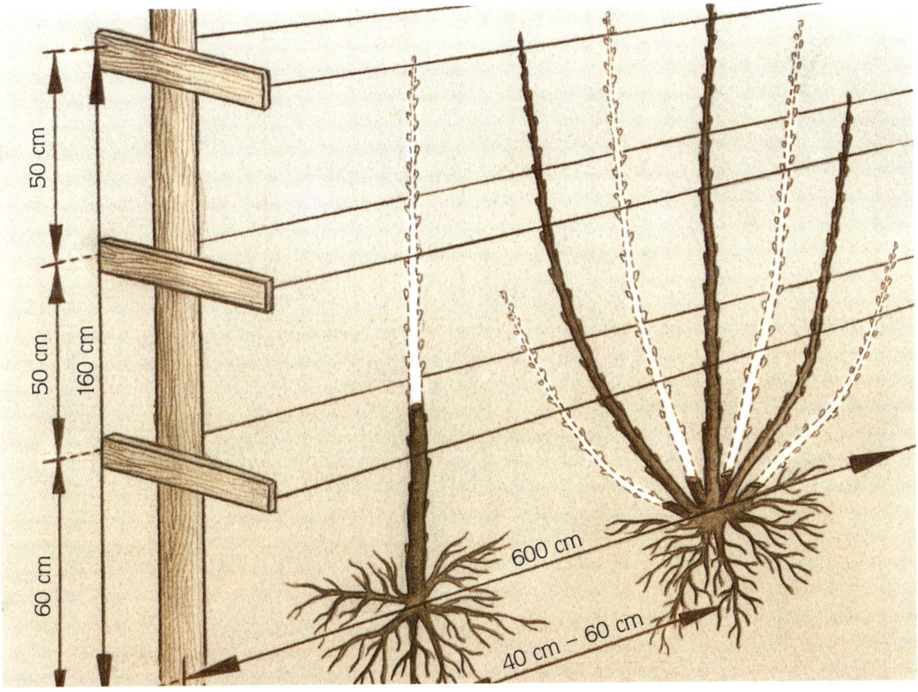

Himbeerpflanzung; links: Pflanzschnitt; rechts: Schnitt im Herbst

ber oder im zeitigen Frühjahr, im Abstand von 40–60 cm in der Reihe und mit Reihenzwischenräumen von 120–160 cm, sind die Himbeerruten auf 40–50 cm zurückzuschneiden. Es ist dabei unwichtig, wo abgeschnitten wird. Die beschnittenen Ruten sollen mit ihren Blättern nur die Neutriebbildung aus dem Wurzelhals fördern helfen. Im August oder September werden sie dann über dem Boden weggeschnitten. Von ihnen ist noch kein Ertrag zu erwarten. Dafür haben sich aber in der ersten Vegetationsperiode nach der Pflanzung aus den Wurzelschossen kräftige Ruten gebildet.

Brombeeren

Die robusten Brombeerranken gibt es mit Stacheln und stachellos. Sie werden im Handel als einjährige, etwa bleistiftdicke Ranken angeboten. Sie müssen gut bewurzelt sein und eine, besser noch zwei Wurzelknospen am Wurzelhals haben. Die Brombeerranken werden nach der Pflanzung nicht beschnitten.

Der Abstand der Brombeerpflanzen beträgt bei rankenden Sorten 3–4 m, bei aufrecht wachsenden 1–1,50 m.

Im Pflanzjahr sollten sich zwei bis drei zumindest mittellange Ranken bilden, die an den Spanndrähten des Drahtrahmens gut verteilt hochgebunden werden.

Im Jahr nach der Pflanzung haben sich aus dem Wurzelstock vier oder auch mehr kräftige Sprosse entwickelt, die an den Spanndrähten verteilt angebunden werden. Sie bringen im nächsten Jahr den ersten nennenswerten Ertrag.

Auf die erstjährigen Triebe braucht man beim Anbinden der neuen keine Rücksicht zu nehmen, weil sie im nächsten Jahr bis zum Boden abgeschnitten werden.

Triebe, die sich an den neuen Ranken in den Blattachseln gebildet haben, werden ungefähr ab Mitte Juni, sobald sie länger als 50 cm sind, auf vier bis fünf Blätter zurückgeschnitten.

Neu entwickelte Ranken werden am untersten Spanndraht befestigt. Man läßt dann jedes Jahr etwa sechs Jungtriebe wachsen. Die abgetragenen zweijährigen Ranken, die an den vertrockneten Fruchtständen leicht zu erkennen sind, sollten bald nach der Ernte am Boden abgeschnitten werden. Man läßt sie bis zum nächsten Frühjahr als Winterschutz im Drahtrahmen hängen.

Im zeitigen Frühjahr, etwa im März, muß man diese bereits abgeschnittenen Ranken in Stücke schneiden und aus dem Rankge-

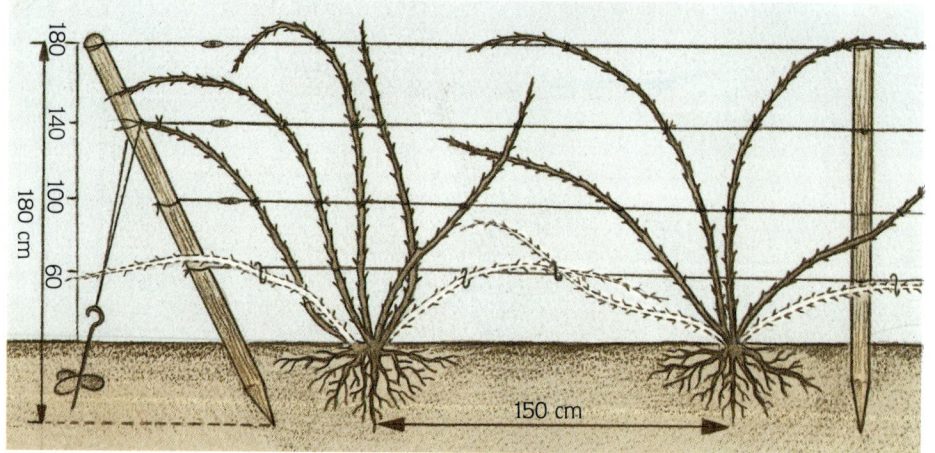

Drahtrahmen für Brombeeren; die Jungruten werden mit selbsthergestellten Drahthaken in den untersten Spanndraht gehängt.

rüst entfernen. Anschließend werden die Brombeerranken des vorjährigen Austriebes neu formiert.

Die im vergangenen Sommer auf vier bis fünf Knospen zurückgeschnittenen Triebe der diesjährigen Ertragsranken werden auf zwei, höchstens auf drei Augen eingekürzt. Zu lange und zurückgetrocknete Ertragsranken werden ebenfalls gekürzt.

Wein

Der Weinstock wird im Hausgarten an Südwänden, an Lauben oder auch an sonnigen Pergolen angepflanzt. Er braucht in unseren Breiten jeden Sonnenstrahl. Während eine Wand guten Schutz gegen Tau, Regen und Kälte bietet, soll die Wurzel immer feucht gehalten werden. Sie kann acht Meter und noch tiefer in die Erde wachsen. Ältere Weinstöcke holen sich in starken Trockenzeiten genügend Wasser aus tiefer gelegenen Bodenschichten. In Weinbaugebieten kann Wein auch freistehend an Drahtrahmen mit 1,20–1,50 m Abstand gepflanzt werden.

Die beste Pflanzzeit für Reben ist das Frühjahr, kurz vor dem Austrieb. Die Pflanzgrube sollte 100 cm Durchmesser haben und 80 cm Tiefe. Kenner geben in das Pflanzloch ein Stück Kupfer. Auch Basalt- oder Luziansteinmehl wirkt auf Wein wachstumsfördernd. Die Pflanzerde wird bis auf die oberen 30 cm in die Grube gefüllt. Die jungen, bis zu drei Jahre alten Setzlinge gibt es mit Wurzelballen. Nachdem man den Topf entfernt hat, wird der junge Weinstock mit dem Ballen etwa 60 cm von der Hauswand entfernt schräg in die Pflanzgrube gelegt. Dann füllt man so auf, daß zwei Triebaugen mit Erde bedeckt sind und die Triebspitze noch etwa 2 cm über dem Boden bleibt. Zuletzt wird gründlich gegos-

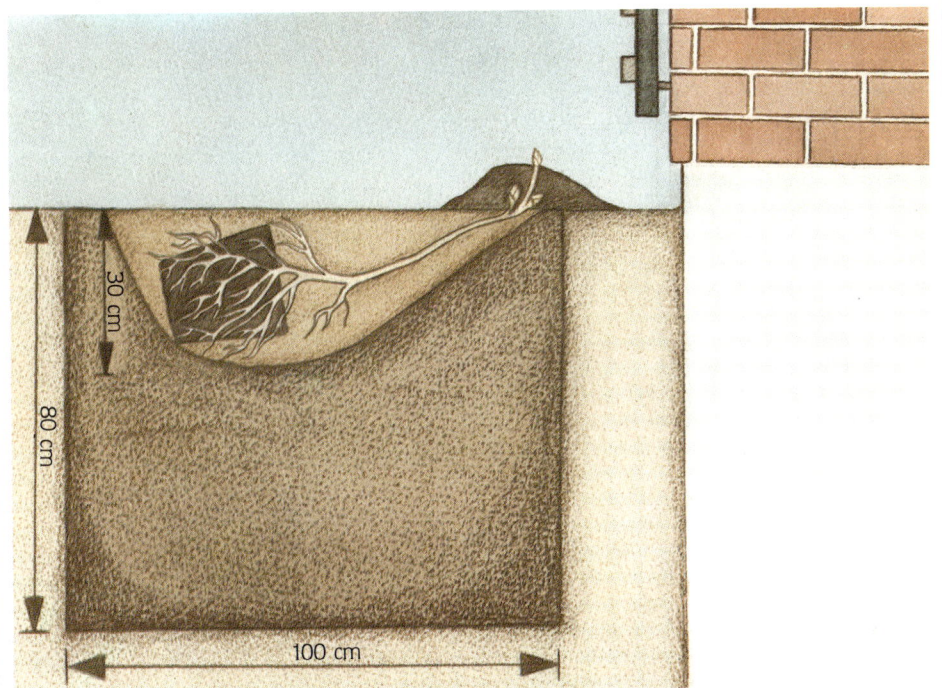

Weinpflanzung an einer Häuserwand; in Weingebieten kann an einem Drahtrahmen auch senkrecht gepflanzt werden; das Pflanzloch ist entsprechend kleiner.

sen. Zunächst genügt als Stütze ein Stab, später ein Holzgitter oder Spanndrähte.

Im ersten Jahr kann der gepflanzte Weinstock bereits 2 m hoch werden, aber auch eine Länge von 30 cm bedeutet noch ein gesundes Wachstum. Liegt dieses allerdings unter 30 cm, sollte man den Stock auf schadhafte Stellen, Krankheiten und Schädlinge untersuchen.

Die bekannte Reblaus verbreitet sich nicht mehr, seit man amerikanische Wildreben als Unterlagen verwendet. Läßt sich kein Grund für das schwächliche Wachstum des Weinstockes finden, sollte man versuchen, ihn über den ersten Sommer mit Blattspritzungen von Alginure-Schutzspray und Beimischungen von verdünnter Brennesseljauche, Algifert oder Polymaris zu stärken. Nützt das nichts, pflanzt man im nächsten Frühling besser einen neuen Setzling.

Ende Februar des Jahres nach der Pflanzung, wenn kein Frost herrscht, wird der Weinstock ohne Rücksicht auf die erreichte Länge auf drei Augen zurückgeschnitten, damit er einen starken Stamm bekommt. Sobald die Triebe 20 cm Länge erreicht haben, bindet man den kräftigsten senkrecht hoch und schneidet die beiden anderen bis zum Stamm weg. Der junge Haupttrieb wird im Sommer während des Wachstums alle 25 cm nach oben festgebunden.

Im nächsten Februar wird der Haupttrieb auf sechs bis sieben Augen gekürzt. Dabei läßt man etwa 2 cm Holz (einen Zapfen) über dem oberen Auge stehen, um ein Austrocknen zu verhindern. Die untersten Seitentriebe werden auf zwei Augen gekürzt, die anderen weggeschnitten.

Diesen Winterschnitt wiederholt man jedes Jahr. Man läßt den Mitteltrieb jedesmal um sechs Augen länger stehen, bis die gewünschte Höhe erreicht ist. Die Seitentriebe werden jeweils auf zwei Augen gekürzt.

Außer diesem Winterschnitt erfolgt während des Sommers der gestaffelte Sommer- oder Grünschnitt. Er beginnt, wenn die Weinbeeren einen Durchmesser von 2 mm erreicht haben. Dann werden die

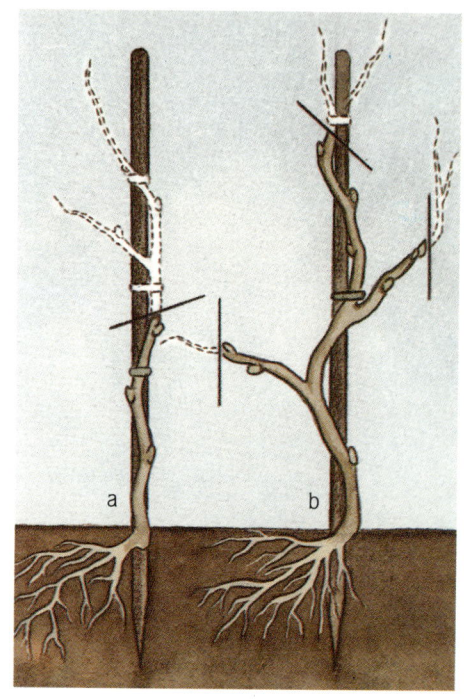

Erziehungsschnitt beim Wein:
a) Rückschnitt nach einem Jahr;
b) Rückschnitt nach dem zweiten Jahr

Tragruten auf sechs Blätter nach der vordersten Blütentraube abgeschnitten und alle Geize, das sind die aus den Blattachseln wachsenden Triebe, auf ein Blatt pinziert (mit den Nägeln von Daumen und Zeigefinger abgezwickt). Da Geize nachtreiben, muß das Pinzieren wiederholt werden.

Bei starkwüchsigen Weinstöcken entwickelt man auf den auf zwei Augen gekürzten Seitentrieben längere Neutriebe, an denen im Sommer Trauben wachsen. Aus den Zapfen kommen im Sommer zwei neue Triebe, von denen man den unteren auf zwei Augen zurückschneidet, den oberen auf sechs bis acht. Dann bindet man ihn schräg abwärts am Spalier fest. So wird allmählich eine ganze Hauswand von einem einzigen Weinstock überwachsen. Fruchtlose Triebe werden ab Juli weggeschnitten.

Fördernde biologische Maßnahmen

Alle Pflanzungen und jeden Schnitt nimmt man nach dem Aussaatkalender von Maria Thun bei absteigendem Mond vor.

Außerdem wird immer am Nachmittag gepflanzt, denn auch beim Tagesrhythmus schickt jede Pflanze ihre Säfte ab 15 Uhr in die Wurzeln.

Sowohl der absteigende Mond als auch die Pflanzung am Nachmittag bewirken, daß die Gehölze nicht „bluten", das bedeutet, daß kein Pflanzensaft aus den Schnittwunden austritt, was die Gehölze schwächen würde. (Weitere Einzelheiten zu diesem Thema siehe in „Kosmische Einflüsse auf unsere Gartenpflanzen", einem Buch der Autorin in der Biothek-Reihe.)

Auch die Hornmistspritzung sollte abends bei absteigendem Mond vorgenommen werden, da das Präparat über den Boden stärkend auf die Pflanzenwurzel wirkt.

Die Pflanzerde war bereits einmal mit Hornmist bespritzt worden. Nach der Pflanzung der Obstgehölze und im zeitigen Frühjahr bei Wachstumsbeginn des Grases werden zwei weitere Hornmistspritzungen durchgeführt.

Zur Vorbeugung gegen Pilzkrankheiten kann man Schachtelhalmdroge mitverwenden. 500 g Schachtelhalmschnitt wird eine halbe Stunde in 5 l Wasser gekocht und nach dem Abkühlen abgeseiht. In den handwarm abgekühlten Absud rührt man nachmittags eine Stunde in wechselnder Richtung das Hornmistpräparat ein und spritzt die Flüssigkeit anschließend auf die Baumscheiben.

Gleich nach der Pflanzung im Herbst oder Frühjahr werden alle Obstbaumstämme mit Preicobakt angestrichen.

Dafür werden 2 kg Preicobaktpulver in 10 l Wasser allmählich eingestreut und glattgerührt. Der entstandene Brei muß die Konsistenz eines Rührteiges haben. Danach läßt man das angerührte Pulver mehrere Tage stehen, damit sich alle Substanzen auf-

lösen. Vor Gebrauch rührt man nochmals gründlich durch und streicht bei frostfreiem Wetter und trockener Rinde alle Obstbaumstämme mit einem breiten Pinsel an. Für ältere Bäume mit einem dickeren Stamm wird eine Quaste verwendet.

Preicobakt dient der Aktivierung der Rinde, glättet sie und stärkt ihre Zellen. Deshalb führt der Anstrich auch zur schnelleren Wundheilung. Größere Schnittstellen werden damit bestrichen. Preicobakt beugt Pflanzenkrankheiten und Schädlingsbefall vor, verhindert Frostplatten und Rindenrisse, schützt vor Knospenfraß durch Vögel und vor Hasenfraß.

Bei hartem Wasser setzt man dem Preicobaktbrei 20 ml Pflanzenpflegeseife zu, wodurch eine bessere Haftung erzielt wird. Der Stammanstrich kann jederzeit, auch im Sommer, wiederholt werden.

Beerensträucher und Baumkronen werden nur in blattlosem Zustand mit Preicobakt (500 g auf 10 l Wasser) gespritzt.

Nach der Behandlung werden Spritzgeräte und Pinsel gründlich ausgewaschen.

Preicobakt macht mindestens zwei Drittel aller anderen Pflanzenschutzmaßnahmen überflüssig. Zum Beispiel bleibt der gefürchtete Säulenrost bei schwarzen Johannisbeeren durch die Herbst- und Frühjahrsbehandlung mit Preicobakt fast immer aus.

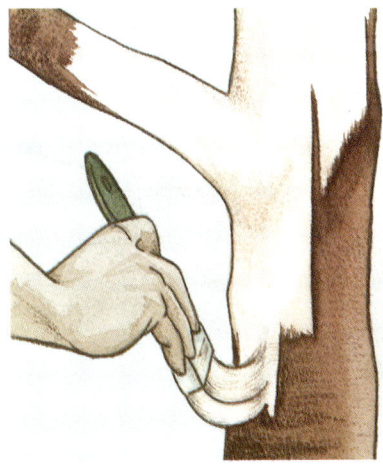

Stammanstrich mit Preicobakt

Beerenobst bringt schnelle Ernten

Kein Obst ist im Garten so schnell ertragreich wie Beerenobst. Ein Jahr nach dem Pflanzjahr, in einigen Fällen sogar noch in derselben Vegetationszeit, reifen die ersten schmackhaften Früchte heran.

Aber das ist nicht der einzige Grund für die Beliebtheit des Beerenobstes. Viele Beeren sind schon früh im Jahr reif, wenn andere Obstarten noch nicht zur Verfügung stehen. Dazu kommt, daß frisch gepflücktes Beerenobst im Handel kaum zu haben ist, denn es ist wegen seiner Dünnhäutigkeit und dem Saftreichtum druckempfindlicher als Kern- oder Steinobst und erst recht als importierte Südfrüchte, die wegen der höheren Temperaturen in den Ursprungsländern eine dicke Schale haben. Außerdem ist Beerenobst verhältnismäßig teuer, weil es nicht maschinell geerntet werden kann und der Pflücklohn unserem Lebensstandard entsprechend hoch ist.

Leichter und in größeren Mengen als aus anderen einheimischen Obstarten läßt sich aus unseren Beerenfrüchten Saft pressen, denn sie sind sehr saftreich. Sowohl roh als auch haltbar gemacht, sind sie ein besonderer Genuß. Die köstlichen Marmeladen, die sich aus Beerenobst zubereiten lassen, sind neben Honig der beliebteste Frühstücksaufstrich.

Johannisbeerzweige mit vielen Früchten

Erdbeeren
(Familie: Rosaceae)

Unsere Gartenerdbeeren (Fragaria ananassa) stammen nicht von unserer kleinen, sehr aromatischen Walderdbeere (Fragaria vesca) ab, sondern von großfrüchtigen Arten aus Nord- und Südamerika, die untereinander gekreuzt zu den heutigen Sorten geführt haben.

Die in unseren Gärten wachsenden rankenlosen Monatserdbeeren (Fragaria vesca var. semperflorens) sind eine Weiterzüchtung der einheimischen Walderdbeere und kommen ihr geschmacklich am nächsten. Sie blühen und fruchten während des ganzen Sommers, verschiedene Sorten bis zum ersten Frost.

Im Gegensatz zu allen anderen Obstarten ist die Erdbeerpflanze eine Staude, das bedeutet, daß sie unterirdisch ausdauernd ist, oberirdisch die nur wenig über den Boden ragenden dreizähligen, langstieligen Blätter jedoch verliert.

Bald nach der Reifung und Ernte der Früchte tritt ein erneuter Wachstumsprozeß ein. Der kräftige Wurzelstock treibt aus den Blattachseln der Rosettenblätter lange Ausläufersprosse, die über den Boden kriechen und an den Knoten kleine Blattrosetten und Wurzeln treiben, womit man Erdbeerpflanzen über Jahre gezielt vermehren kann.

Im August entwickeln sich bereits in den Blattachseln der Rosettenblätter nah am Boden neue Knospen. Der Blütenimpuls setzt in unserem gemäßigten Klima Anfang September ein. Bereits Mitte September haben sich kleine Blütenstände gebildet, wobei die Terminalknospe in ihrer Entwicklung am weitesten ist, während die

Mehrmals tragende Erdbeere mit Blüten, Früchten und Ausläufern; Ausläufer werden für die Erneuerung der Erdbeeranlage gepflanzt oder frühzeitig abgeschnitten.

Einmal tragende Erdbeersorten

(Reihenfolge alphabetisch – keine Wertung)

Sorte	Reifezeit	Ertrag	Geschmack	Boden
'Asieta'	mittelspät	mittelhoch	süß-sauer, herzhaft	humos, locker, nicht zu lehmig
'Deutsche Evern's Solweta'	spät	hoch bis sehr hoch	gut	humos, durchlässig
'Elista'	mittelspät	hoch	säuerlich, frisch	humos, auch für höhere Lagen, sonst für jeden Boden
'Gorella'	früh	mittelhoch bis hoch	aromatisch	für alle humosen Böden, nicht zu trocken
'Macherauch's Marieva'	früh	mittelhoch	aromatisch	humos, durchlässig
'Peltata'	mittelfrüh	hoch	aromatisch	humos, lehmhaltig
'Red Gauntlet'	mittelfrüh	hoch bis sehr hoch	süß-säuerlich	für alle Böden
'Regina'	früh	mittelhoch	sehr gut	für alle Böden
'Senga Dulcita'	mittelspät	hoch bis sehr hoch	aromatisch	geringe Ansprüche
'Senga Sengana'	mittelfrüh	hoch bis sehr hoch	hocharomatisch	geringe Ansprüche
'Zefyr'	sehr früh	mittelhoch	süß	für alle Böden und Lagen

anderen Blüten immer eine niedrigere Entwicklungsstufe zeigen. Dieses Nachhinken in der Entwicklung der Blüten am selben Sproß wird bis zur Fruchtreife durchgehalten, wodurch die Erntephase über längere Zeit ausgedehnt ist.

Die Blütenentwicklung verdeutlicht aber auch, daß Neupflanzungen einmal und zweimal im Jahr tragender Erdbeeren wegen der im September einsetzenden Blütenentwicklung möglichst Ende Juli bis Anfang August liegen sollten, da durch Pflanzungen im September die Blütenknospenbildung verzögert beziehungsweise gestört wird.

Die Erdbeerfrucht ist eigentlich eine Sammelfrucht, die sich aus dem Blütenboden entwickelt, der sich aufwölbt und auf dem im Blütenstadium die Fruchtknoten sitzen, aus denen sich die von dünnen Fruchthüllen umgebenen Samen entwickeln.

Die einsetzende Blütenbildung hängt bei der Erdbeerpflanze mit extremen Schwankungen zwischen Tages- und Nachttemperatur zusammen, wie von Frau Prof. Ottilie Zeller neuerdings nachgewiesen wurde. Die kühlen Septembernächte und dagegen noch immer sommerlichen Tagestemperaturen in unserem mitteleuropäischen Klima führen zum Blütenimpuls im September. Die mehrmals tragenden Sorten erhalten nochmals im Frühjahr und Frühsommer Blütenimpulse. Während die Blütenanlagen vom September acht Monate brauchen, bis sie anfangen zu blühen, entwickeln sich die im Frühjahr und Frühsommer impulsierten Blüten in nur acht Wochen.

Sortenwahl

Vom Handel werden besonders in den letzten Jahren immer wieder neue Sorten angeboten, so daß es selbst dem Fachmann schwerfällt, Erfahrungen mit allen neu auf den Markt kommenden Sorten zu machen. Gute, großfrüchtige und einmal tragende Sorten sind folgende:

Standort

Gartenerdbeeren können bei uns überall angebaut werden. Sie gedeihen sogar bis zum Polarkreis hinauf und in den Höhenlagen tropischer Länder. Allerdings müssen einige kleinklimatische Bedingungen berücksichtigt werden.

So darf die Vegetationsperiode nicht zu kurz sein. Durch Spätfrost gefährdete tiefe Lagen, aus denen kalte Winde nicht abfließen können, geschlossene Lagen, in denen Tau und Regen sehr langsam abtrocknen, und zu offene, windige Lagen, in denen der Boden im Sommer zu sehr austrocknet, sind für die Erdbeeren gefährlich.

Am besten sind gut besonnte Stellen mit Sträuchern und Bäumen, die den Erdbeeren Windschutz geben.

Bodenansprüche

Die Erdbeere ist in bezug auf den Boden nicht sonderlich wählerisch. Ist der Humusgehalt gut, dann ist jeder Boden recht, sogar leichter Sandboden, wenn er genügend gedüngt und gewässert wird.

Der selbst hergestellten Pflanzerde sollte Bentonit oder ein Gesteinsmehl hinzugefügt werden. Lehmiger Ton enthält Quarzsand, damit der Boden sich im Frühjahr schneller erwärmt. Als Langzeitdünger dient bodenlockerndes Lavagranulat. Sandboden wird dagegen mit Bentonit, Gesteinsmehl, Alginure-Bodengranulat und gut verrottetem Kompost angereichert. Der pH-Wert des Bodens sollte zwischen 6,5–6,9 liegen.

Die Lockerung des Bodens und die Einarbeitung der empfohlenen Dünger muß möglichst tief sein, denn Erdbeerwurzeln können bis zu 1 m tief reichen.

Gute Vorfrüchte für Erdbeeren sind Frühkartoffeln, Frühkohlrabi, Erbsen und Kopfsalat. Bei Bau- oder Grasland sollte zunächst die stickstoffsammelnde Gründüngungspflanze Lupine möglichst frühzeitig ausgesät werden. Ihre Wurzeln gehen eine Lebensgemeinschaft mit den sogenannten Knöllchenbakterien ein, die Stickstoff aus der Luft binden können. Außerdem durchwurzeln sie den Boden stark, so daß der Boden ohne Anstrengung tief gelockert wird.

Lupinen werden kurz vor der Blüte abgemäht, damit der Stickstoff aus den Wurzelknöllchen nicht in die Blüten aufsteigt. Die Wurzeln bleiben im Boden, während die oberirdischen Pflanzenteile als Bodenbedeckung liegenbleiben.

Mit Erdbeerpflanzen kann man auch Pflanzenkrankheiten in den Garten einschlep-

Gute Vorfürchte für Erdbeeren

pen. Deshalb kauft man sie am besten bei einem Gartenbaubetrieb, der selbst biologisch oder biologisch-dynamisch arbeitet oder wählt Pflanzen, die „in vitro" aus Gewebeteilen geklont worden und deshalb mit Sicherheit frei von pilzlichen und tierischen Schädlingen sind. Mit hoher Wahrscheinlichkeit haben sie auch keine Viruskrankheiten.

Es gibt seit einigen Jahren auch Erdbeersamen im Handel, aus dem man selbst Pflanzen heranziehen kann. Bei früher Aussaat (Februar) tragen diese Monatserdbeeren schon im gleichen Jahr ab Juli und bis zum Frost. Diese Erdbeeren sind klein, aber sehr aromatisch (Sorten: 'Sperling's Bowlenzauber', 'Sweethart').

Andere bewährte Monatserdbeeren sind 'Macherauch's Dauerernte', 'Rügen' oder 'Ostora'.

Beliebt sind vor allem bei Kindern sogenannte Klettererdbeeren, deren Ranken aber nicht selbst klettern, sondern an einer Unterstützung hochgebunden werden müssen. Sie gedeihen auch gut als Ampelpflanzen. Die Ranken entwickeln Blattrosetten, die den ganzen Sommer und bis zum ersten Frost blühen und fruchten. Die Pflanzen werden bis zu 1,50 m hoch, die Früchte sind mittelgroß bis groß.

Bei allen mehrmals tragenden Sorten sollten neue Blüten ab Oktober frühzeitig pinziert werden, da die Früchte nicht mehr ausreifen. Die Kraft, die die Pflanzen für die Blütenentwicklung brauchen, sollte jedoch den reifenden Früchten zugute kommen.

Pflanzung

Erdbeeren werden in der Reihe auf 30–40 cm Abstand gepflanzt. Die Reihen ordnet man so weit auseinander an, daß Gemüse- oder Kräuterreihen dazwischen angelegt werden können, denn Erdbeeren gewinnen durch Mischkultur an Aroma und Gesundheit.

Die verhältnismäßig weite Pflanzung in der Reihe, die gewöhnlich mit 25–30 cm Abstand angegeben wird, hat sich sehr bewährt. Die Pflanzen können sich dann un-

Blühende Erdbeeren

gehindert ausbreiten und sind weniger anfällig für Mehltau, Botrytis (Grauschimmel) und Fäulekrankheiten.

Die heutigen Erdbeersorten haben weibliche und männliche Geschlechtsorgane auf einer Pflanze, sind also zwittrig. Wieder aufkommende, früher beliebte Sorten, wie beispielsweise 'Mieze Schindler' oder 'Macherauch's Späternte', haben verkümmerte oder völlig fehlende Staubgefäße. Diese rein weiblichen Sorten brauchen in der Nähe andere Sorten für die Bestäubung. Sonst gibt es keine Früchte.

Auch bei heute üblichen Sorten können Staubgefäße mangelhaft ausgebildet sein. Deshalb ist es sinnvoll, verschiedene Sorten zu pflanzen.

Erdbeeren lieben die Pflanzung auf kleinen Hügelreihen oder auf Hügelbeeten. Sie müssen so gepflanzt werden, daß die Nebenblätter der Rosettenblätter halb aus dem Boden herausragen. Gründlich angegossen wird mit stark verdünnter Brennesseljauche (1 : 20).

Auch an den Seiten von Hochbeeten, in Erdbeertonnen und an den Seitenwänden aufgesetzter Rasensoden fühlen sich Erdbeeren ausgesprochen wohl.

Gerade bei dieser Art der Pflanzung muß man auf gute Bodenbedeckung achten.

Pflege

Nach der Pflanzung wird der Boden sofort mit Baumrinde oder organischen Abfällen gemulcht. Am besten hat sich erfahrungsgemäß jedoch für das ganze Jahr Lavagranulat bewährt. Die etwa 3 cm hohe Mulchschicht ist gleichzeitig ein Langzeitdünger, der Erdbeerpflanzen sehr zusagt. Lavagranulat wärmt, hält den Boden locker und feucht, ist aber oben immer abgetrocknet. So liegen reifende Früchte trocken, denn die anfangs über die Blätter emporragenden Fruchtstände neigen sich bei zunehmender Größe dem Boden zu.

Erdbeeren dürfen weder zu hoch noch zu tief gepflanzt werden. So ist es richtig.

Im September bekommen die Erdbeeren drei Hornkieselspritzungen, nachdem die Erde vor der Pflanzung bereits mit Hornmist gefördert wurde. Hornmist muß Hornkiesel immer vorausgehen. Nun können sich Blüten- und Blattknospen ungestört entwickeln.

Wenn der Boden sich im Frühjahr zu erwärmen beginnt, müssen organische Mulchschichten um die Erdbeeren herum entfernt werden, da sie die Erwärmung behindern. Lavagranulat und Rindenmulch fördern die Bodenerwärmung und bleiben liegen. Man schiebt die Mulchdecken lediglich etwas beiseite und arbeitet wegen teilweise flach liegender Wurzeln vorsichtig etwas Luzian-Steinmehl in den Wurzelbereich ein. Dieses Gesteinsmehl mit einem Anteil von 48% Kieselsäure fördert die Blüte, das Fruchten und den Geschmack der Erdbeeren. Anschließend wird wieder gemulcht.

Bei Beginn des Austriebes wird Hornmist gespritzt. Beim Einsetzen des Austriebes, während und nach der Blüte und während der Fruchtbildung sprüht man das Hornkieselpräparat.

Eine Ernteverfrühung kann man bei Erdbeeren durch das Vlies Agryl P 17 erreichen, das bei Austriebsbeginn aufgelegt und mit wenigen Steinen oder je einer Schaufel Erde an den Rändern befestigt wird. Der Luftaustausch ist ungehindert, so daß das Vlies Folientunneln, wegen der Gefahr des Pilzbefalls, vorzuziehen ist. Bei Beginn der Blüte wird das Vlies abgenommen.

Spätfrösten während der Blütezeit begegnet man mit Baldrianblütenextrakt-Spritzungen, die bei Temperaturen von 0 bis —5 °C einen Wärmeschutz geben. Man spritzt am späten Nachmittag.

Die Ernte erfolgt morgens bei sonnigem Wetter. Dann enthalten die Früchte die meisten Inhaltsstoffe und haben das beste Aroma.

Während der Reifezeit brauchen Erdbeerfrüchte Ruhe. Die Pflanzen werden weder gedüngt noch gewässert.

Gleich nach der Ernte erhalten die Pflanzen am Vormittag eine Hornkieselspritzung. Im August und September erfolgen dann nach einer Hornmistspritzung zwei weitere Hornkieselspritzungen am Nachmittag (nach dem Aussaatkalender von Maria Thun immer an Fruchttagen).

Erst Mitte September wird mit gut verrottetem Rinderdungkompost, dem beim

Gesunde Erdbeeren, die im Frühjahr mehrmals mit Steinmehl eingestäubt wurden.

Aufsetzen auch Gesteinsmehl, Meeresalgenmehl und der Algenkalk Algomin zugesetzt wurde, gedüngt und die Mulchschicht ergänzt.

Schädlings- und Krankheitsabwehr

Der **Erdbeerblütenstecher** (Anthonomus rubi) ist ein 3–4 mm langer Rüsselkäfer, der seine Eier in Erdbeerblüten ablegt und den Stengel der Blütenknospen durchbeißt, so daß sich dort oder im Boden die weiße Larve verpuppt. Der Käfer überwintert im Boden und wird erst aktiv, wenn die Temperaturen 18 °C erreichen.

Besteht die Gefahr, daß der Erdbeerblütenstecher den Erdbeerpflanzen schadet, dann mulcht man die Erdbeeren mit Farnkraut, das diese Tiere meiden, und spritzt nach der Erdbeerernte mit Rainfarntee.

Bei naturnah gepflegten Erdbeeren tauchen selten Erdbeerblütenstecher auf.

Es kommt vor, daß mit dem Pflanzeneinkauf **Erdbeermilben** (Tarsonemus pallidus) in den Garten eingeschleppt werden. Man braucht jedoch im biologischen Anbau nicht zu befürchten, daß die Milbe auf vorhandene Bestände übertragen wird.

Außerdem ist das Auftreten der Erdbeermilbe sortenbedingt.

Die Milben können bei feuchter Wärme auftauchen und sitzen dann in den Herzblättchen, die durch den Befall absterben.

Sollten wirklich einmal Erdbeermilben auftreten, versuche man es zunächst mit CP-Mineralpulver-Spritzungen. Es handelt sich bei diesem weißen Pulver um feinst vermahlenes Gestein (50% unter 2 μm Korngröße) mit 70% Silikatgehalt und einem pH-Wert über 11. Die Lichtwirkung der Silikate, die in den Saftstrom der Pflanzen eindringen und die Blätter härten, der Mineralpulverfilm auf den Blättern und das alkalische Milieu sind nicht nur Milben, sondern auch anderen Insekten und Pilzen unsympathisch. Diese Lebewesen werden nicht getötet, sie wandern aus ihrem Wirtsmilieu aus und werden dadurch leicht zur Beute. Das umweltfreundliche CP-Mineralpulver ist reich an Spurenelementen, mit denen es die Pflanzen gleichzeitig versorgt. Es verhindert auch die Weißfleckenkrankheit. Zusammen mit Algifert ausgespritzt, wird die Wirkung noch erhöht.

Zur Bekämpfung der Erdbeermilben kann auch Artanax S eingesetzt werden, das Netzschwefel enthält.

Vor der Blüte werden die Erdbeerpflanzen 3- bis 4mal in 14tägigem Rhythmus mit Luzian-Steinmehl gründlich eingestäubt. Boden und Pflanzen müssen grau aussehen. Durch diese Maßnahme werden pilzliche Krankheiten wie **Grauschimmel** (Botrytis cinerea), **Fruchtfäule** (Gnomonia fructicola), und **Lederfäule** (Phytophthora cactorum) verhindert und andere Maßnahmen überflüssig gemacht.

Lavagranulat hat sich auch sehr gut gegen **Schnecken** bewährt, die zur Reifezeit nachts die süßesten Erdbeeren fressen. Lavagranulat meiden die gefräßigen Tiere, denn es ist ihnen zu trocken und zu kantig.

Vermehrung

Für die Vermehrung wählt man die kräftigsten Ausläuferpflanzen und diese nur von Neupflanzungen des ersten Jahres. Die

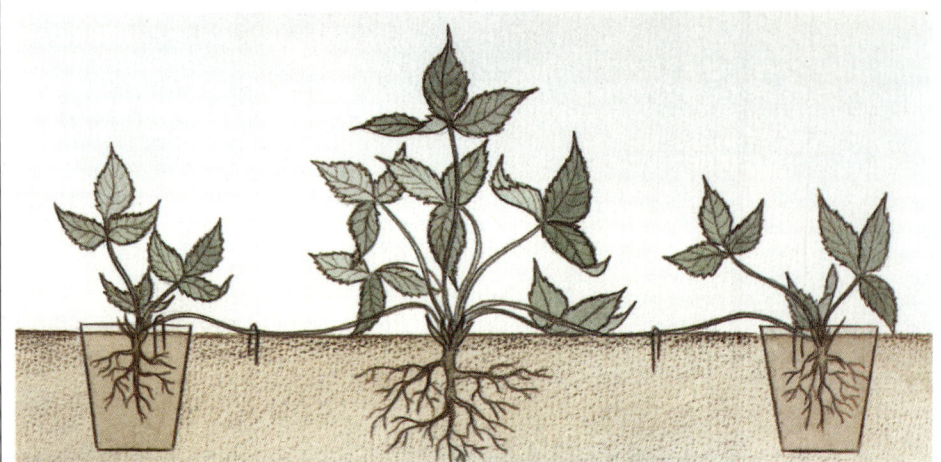

Bewurzelung von Erdbeerausläufern in Töpfen; so lassen sich die Jungpflanzen gleich mit Topfballen an ihren neuen Standort pflanzen.

anderen Ranken schneidet man ab, da sie die Mutterpflanzen nur schwächen.

Man kann die Jungpflanzen in Töpfen wurzeln lassen, die mit gut verrottetem Kompost gefüllt sind. So lassen sich die jungen Erdbeerpflanzen im August, sobald sie kräftig sind und sich gut bewurzelt haben, mit dem ganzen Topfballen auf das neu hergerichtete Erdbeerbeet verpflanzen.

Im naturgemäßen Anbau im Hausgarten werden die Erdbeerblätter nach der Ernte nicht abgemäht, wie es im Erwerbsanbau üblich ist. Die ahornrote Ausreifung der Blätter gibt den Erdbeerfrüchten im nächsten Jahr ein ausgezeichnetes Aroma und verspricht eine gute Ernte.

Im naturgemäß bewirtschafteten Garten bringen Erdbeerpflanzen drei Ernten, ehe sie durch neue Pflanzen ersetzt werden müssen, die aber ein anderes Beet bekommen, damit der Boden nicht ermüdet und keine Nematoden auftreten.

Mischkultur

Erdbeeren werden durch Mischkultur mit Knoblauch und Zwiebeln vor Nematodenbefall geschützt. Auch Blattpflanzen wie Kopf- und Schnitt- oder Pflücksalat, Spinat und Borretsch sind für die Fruchtpflanze ein gesundender Ausgleich, ebenfalls die Wurzelfrüchte Radieschen und Rettich. Gute Erfahrungen hat man auch mit der Zwischensaat von Ringelblumen gemacht, die Nematoden vertreiben, gesundend auf den Boden wirken und das Erdreich mit ihren langen Pfahlwurzeln bis in tiefe Bodenschichten lockern.

Heilkraft der Erdbeere

Wer während der Erntezeit, die sich durch Monatserdbeeren und mehrmals tragende Erdbeeren über den ganzen Sommer und Herbst ausdehnen läßt, jeden Tag regelmäßig eine Portion Erdbeeren ißt, der entschlackt seinen Körper und erfährt auch eine deutliche Besserung bei Stein- und Leberleiden. Außerdem enthalten Erdbeeren einen hohen Gehalt an Vitamin C und Mineralstoffen, wodurch Mangelerscheinungen in der Ernährung ausgeglichen werden können. Die Erdbeeren dürfen aber nicht eingezuckert werden. Gesüßt wird nur mit Honig.

Als köstliche Mittagsmahlzeit für heiße Tage empfiehlt sich Honigmilch mit Erdbeeren und Getreideflocken.

Erdbeerblätter, vor allem von Walderdbeeren und diesen am nächsten stehenden

Monatserdbeere

Monatserdbeeren, ergeben einen aromatischen Tee, der blutreinigend, kreislauffördernd sowie harntreibend wirkt und Kindern gegen Durchfälle gegeben wird. Die jungen Blätter kann man auch kleingehackt unter Gemüsesalate mischen. Man muß allerdings beachten, daß die Kraft der Erdbeerstauden nicht durch die Blattdezimierung geschwächt wird.

Himbeeren
(Familie: Rosaceae)

Die süße, fruchtig schmeckende und wegen ihrer vielfältigen Verwendungsmöglichkeiten so beliebte Himbeere heißt botanisch Rubus idaeus. Der Artname idaeus geht auf das Vorkommen im Idagebirge auf Kreta zurück. Die gut ausgereiften Sammelsteinfrüchte lösen sich leicht vom aufgewölbten Blütenboden.
Die besonders artenreiche Gattung Rubus besteht vorwiegend aus Halbsträuchern, aber auch aus Stauden, wie beispielsweise der Arktischen Brombeere (Rubus arcticus) und der Moltebeere (Rubus chamaemorus), die im ganzen Polargebiet reich blühen und

fruchten und deren oberirdische Pflanzenteile mit den ersten Frühfrösten absterben. Unsere Gartenhimbeere ist ein Halbstrauch, der von Juni bis September junge Ruten treibt, die im nächsten Jahr blühen, Früchte tragen und dann absterben. Sie sind deshalb im allgemeinen einmal tragend. Es gibt auch zweimal tragende, die bereits im Jahr der Rutenentwicklung im Herbst Früchte zur Reife bringen. Man hat es deshalb bei der Himbeerpflanze immer mit zwei verschiedenen Stadien von Ruten zu tun, mit denen, die sich im selben Jahr entwickelt haben und wegen des nächstjährigen Ertrages stehengelassen werden, und solchen, die sich im Jahr davor entwickelten, bereits ein- oder zweimal getragen haben und anschließend absterben. Diese Ruten werden im August oder September am Boden weggeschnitten.

Sortenwahl

Unsere heutigen Kultursorten sind aus unserer europäischen Wildpflanze Rubus idaeus und amerikanischen Arten hervorgegangen, die ebenfalls Waldpflanzen sind. Während die altbekannte Sorte 'Preußen' wegen ihrer Anfälligkeit für die Himbeerrutenkrankheit und die etwas weniger an-

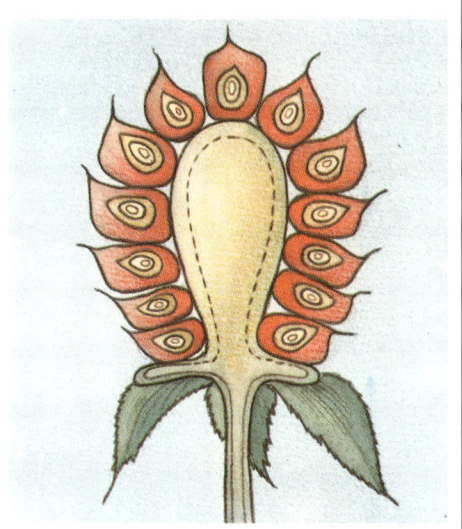

Schnitt durch eine Himbeere

fällige, aus ersterer hervorgegangene Sorte 'Deutschland' heute nicht mehr empfohlen werden, haben neuere Sorten durch ihre geringere Anfälligkeit die Gärten erobert.

Zu empfehlen sind:

'Gelbe Antwerpener': keine hohen Erträge; gelbe, wohlschmeckende Früchte; schwachwüchsig

'Malling Exploit': hohe Erträge; große, hell- bis mittelrote, aromatische Früchte, die jedoch zum Zerbröckeln neigen

'Malling Promise': hohe Erträge in feuchten Lagen ab Juli; große, aromatische, süße, hellrote Früchte; winterfest

'Schönemann': später, hoher Ertrag, dunkelrote Früchte mit wohlschmeckendem, säuerlichem Aroma

'Shaffers Colossal': guter Ertrag; mittelgroße, leuchtendhellrote Früchte mit köstlichem Aroma; anspruchslose Pflanze; treibt keine Ausläufer; Pflanzabstand deshalb 40 cm; braucht wenig Düngung

'Erntesegen', 'Nordmark', 'Korbfüller' und 'Zefa Herbsternte': zweimal tragende Sorten mit Ernten bis in den Oktober hinein

Bodenpflege

Als Waldgewächs bevorzugt die Himbeere einen leicht beschatteten, aber im übrigen sonnigen Standort, der wenigstens 3 m von Obstgehölzen entfernt sein sollte, da sich die Himbeere ihre Nahrung auch aus dem weiteren Umkreis holt.

Diese Pflanzen verlangen einen leicht sauren Boden (pH 4,5–6), dem sein Waldcharakter durch entsprechende Düngung und Bodenbedeckung erhalten bleiben sollte. Letztere ist sofort nach der Pflanzung nötig, da der Boden stets feucht und kühl bleiben muß. Im Herbst braucht die Himbeere im Wurzelbereich Schutz.

Während nach der Pflanzung eine wärmende Blätterschicht ausreicht, die mit Tonmehl beschwert wird, vollzieht man die weitere Düngung im Frühherbst, wenn die alten Ruten weggeschnitten und die einjährigen auf 5–7 kräftige je Pflanze reduziert worden sind. Ein gut vererdeter Laubkom-

Überhängender Zweig mit Himbeeren

post, dem beim Aufsetzen Schweinemist beigemischt wurde, der nicht so hitzig wie Rindermist ist und das für Himbeeren nötige Kali enthält, wird auf den Wurzelbereich gestreut, aber nicht eingehackt, da Himbeeren zum Teil sehr flach wurzeln.

Steht kein Schweinemist zur Verfügung, werden Hornmehl, Knochenmehl, die kalireiche Holzasche oder ein organischer Mischdünger, wie zum Beispiel Ecovital S, mitkompostiert. Stein- und Tonmehl sind ebenfalls wertvolle Kompostbeigaben, die sich aber auch mit der zu erneuernden Mulchschicht ausbringen lassen. Das gleiche gilt für Holzasche und Algenmehl. Letzteres, außerdem Steinmehl und Algenkalk, bringen Himbeeren das nötigen Magnesium und zusätzlich Spurenelemente.

Die Mulchschicht, die auf dem vererdeten Kompost verteilt wird, kann entweder aus Mulchkompost bestehen, der mehr oder weniger lang angerottet sein darf, oder aber aus einer Laubschicht, Sägemehl, gehäckseltem Holz und anderen Pflanzenabfällen, die mit Holzasche, Meeresalgen, Ton- und Steinmehl, etwas Algenkalk sowie einem Kompoststarter angereichert beziehungsweise beschwert werden. Die im Herbst abfallenden Himbeerblätter bleiben als Mulch liegen. Fehlt jede Bodenbedekkung, werden Himbeerpflanzen in ihrer Entwicklung geschädigt.

Pflanzengemeinschaften

Auf Himbeerpflanzen wirken eine Reihe von Gründüngungspflanzen sehr günstig. Hier ist vor allem der Weißklee (Trifolium repens) zu nennen, der unabhängig vom pH-Wert des Bodens wächst. Als Flachwurzler liefert er unmittelbar an die obersten Wurzeln der Himbeerpflanzen den Stickstoff seiner Knöllchen und außerdem Wuchsstoffe. Er wird von Frühjahr bis Anfang September ohne Bodenlockerung direkt in vererdeten Kompost zwischen die Himbeerpflanzen gesät (4–6 g/m^2). Er beschattet den Boden, ist winterhart und ausdauernd. Vor der Samenbildung wird der Weißklee abgemäht oder -gesichelt. Er treibt neu aus und blüht bis September.

Für Sandböden eignet sich Serradella (Ornithopus sativus), eine ebenfalls winterharte Leguminose.

Aber auch einige niedrige, anspruchslose und winterharte Zierpflanzen, wie beispielsweise die Liliengewächse der Gattung Scilla und die Traubenhyazinthe oder das gern verwildernde einheimische Schneeglöckchen (Galanthus nivalis), sehen nicht nur schön zwischen Himbeerpflanzen aus, sondern verbessern und pflegen auch den Boden. Die Traubenhyazinthe eignet sich für warme Lagen, während die beiden anderen Frühlingsblüher kühlere bevorzugen. Im Gemüsegarten gedeihen Himbeerhecken ebenfalls gut. Als Unterkultur eignen sich die stickstoffsammelnden Buschbohnen. Bewährt haben sich auch Calendula.

Vorbeugende Spritzungen

Im Frühjahr bekommt sowohl die Neupflanzung als auch die bereits mehrere Jahre ertragreiche Himbeerhecke vor dem Austrieb abends (zur Zeit des Sonnenuntergangs) eine Hornmistspritzung.

Während der Blattentwicklung kann gegen Pilzbefall Schachtelhalmtee (1:5 mit Wasser verdünnen) auf Boden und Blätter versprüht werden. Schachtelhalm düngt gleichzeitig.

Auf das vollentwickelte Blattwerk wird morgens früh Hornkiesel versprüht.

Im Spätsommer kann die Chlorose, das Gelbwerden der Blätter, durch kombinierte

Himbeerpflanzen mit Weißkleeuntersaat

Spritzungen von Schachtelhalmtee und Brennesseljauche (1 kg frisches Kraut ohne Samen mit 10 l Wasser vergären und 20fach mit Wasser verdünnen) verhindert werden. Die Blütenbildung sollte sowohl im Herbst als auch im Frühjahr durch Spritzungen mit Baldrianblütenextrakt gefördert werden. Nach der Ernte gibt man wieder das Hornmistpräparat, vollzieht anschließend den nötigen Schnitt und düngt.

Zur Ausreifung der neuen Ruten wird im Herbst, ausnahmsweise am späten Nachmittag, das Hornkieselpräparat gespritzt.

Schädlings- und Krankheitsabwehr

Die bisher beschriebene Anbauweise und naturgemäße Pflege der Himbeeren ist eigentlich bereits eine Garantie für die Gesundheit der Ruten, Blätter und Früchte. Trotzdem soll hier noch kurz auf Gefährdungen eingegangen werden.

Die **Rutenkrankheit** kann sich durch die im Boden als Larve überwinternde und Anfang Mai schlüpfende **Himbeerrutenmücke** (Thomasiana theobaldi), die bald darauf ihre Eier in Bodennähe in Rissen der jungen Himbeerruten ablegt, rasch verbreiten. Die eigentliche Infektion wird durch verschiedene Pilze verursacht, die sich in der verletzten Rinde ausbreiten.

Die jungen Triebe bekommen violette Flecke, die Rinde reißt weiter auf und blättert ab. Obwohl die Ruten noch weiterwachsen, bekommen sie im Herbst vorzeitig gelbe Blätter, treiben im nächsten Frühjahr noch kurz aus und sterben dann ab.

Neben den bereits erwähnten Pflegemaßnahmen hat sich die Herbstspritzung der Ruten mit Preicobakt besonders bewährt. Die Rutenmückenlarven werden in dem an Bodenorganismen reichen Boden ohnehin dezimiert oder verschwinden sogar ganz. Nur selten muß ein Spritzmittel auf Pyrethrum-Basis eingesetzt werden.

Gutes Auslichten – nicht nur der erkrankten Ruten – kann wegen der besseren Besonnung Abhilfe bringen.

Das Hornkieselpräparat schafft eine weitere Durchlichtung der Bestände, denn die winzigen Quarzkristallsplitter wirken wie tausend Spiegel.

Neben dem Hornkieselpräparat kann auch MC-Mineralpulver eingesetzt werden. Der feinvermahlene Silikatstaub ist sehr alkalisch, wirkt trocknend und ebenfalls durchlichtend. Er schafft also ein Milieu, in dem sich weder **Pilze** (Leptosphaeria coniothyrium, Botrytis cinerea, Didymella applanata, Elsinoë veneta), noch der Himbeerkäfer (Byturus tomentosus) und seine Maden, die sich in den reifenden Früchten befinden, wohlfühlen. Auch Viren, die für die Virosen, Himbeermosaik, Adervergilbung und Aderbänderung verantwortlich sind, oder die Beerenwanze (Dolycoris baccarum), die den Geschmack der Beere restlos verdirbt, lieben diese Verhältnisse nicht.

Vermehrung

Die vegetative Vermehrung aus alten Beständen ist zwar einfach, kommt aber nur bei ganz gesunden Himbeerpflanzen in Betracht. Sonst wende man sich besser an eine Baumschule, die über verschiedene Verfahren gesunde Pflanzen kultiviert.

Bei der Vermehrung im eigenen Garten wählt man nach der Ernte im August oder September, aber auch im Frühjahr kräftige Ausläufer aus und sticht sie mit dem Spaten so ab, daß möglichst viel Wurzelwerk an der Pflanze verbleibt.

Heilkraft der Himbeere

Der rohe Saft hat sich gegen Fieber sehr bewährt, ist aber auch ein hervorragendes Stärkungsmittel während der Rekonvaleszenz. Er ist außerdem für Säuglinge, Kleinkinder und ältere Menschen hervorragend geeignet, denn er enthält viel Vitamin C und A, etwas Vitamin B und reichlich organische Säuren.

Die Blätter der Himbeerpflanzen ergeben frisch oder getrocknet einen Tee, der nicht nur bei Magenbeschwerden, Darmbluten und Durchfällen hilfreich ist, sondern auch fermentiert wie chinesischer Tee getrunken wird, aber viel bekömmlicher ist.

Brombeeren
(Familie: Rosaceae)

Himbeere und Brombeere sind sich sehr ähnlich, gehören sie doch beide zu der artenreichen Gattung Rubus. Früher hatte die Brombeere den Artnamen fructicosus, doch inzwischen hat sich herausgestellt, daß die einzelnen Brombeersorten von mehreren Rubus-Arten abstammen, so daß der botanische Name Rubus spec. (Species = Art) zutreffender ist.

Brombeerpflanzen sind bedeutend robuster als Himbeerpflanzen. Wegen ihrer Stacheln, die fälschlich auch Dornen genannt werden, werden sie in Gärten schon seit langer Zeit als Hecken zum Schutz gegen Eindringlinge angepflanzt. Ohne Schnitt bilden sie bald ein undurchdringbares Gestrüpp.

Heute werden Brombeeren jedoch immer häufiger als ertragsbringende Pflanzen angebaut, zumal sie mit jedem Boden zufrieden sind. Bei einem lockeren, humosen, lehmhaltigen und feuchten Boden bringt allerdings auch die Brombeere höhere Erträge. Sie ist wie die Himbeere teils Tief-, teils Flachwurzler und für Bodenbedeckung dankbar.

Die Brombeerpflanzen sind für unser Klima gut geeignet; die Ranken können jedoch bei mehr als −15 °C erfrieren. Zwar treiben die Pflanzen wieder aus, aber eine Ernte gibt es im folgenden Herbst nicht.

Biegt man die Triebe im Spätherbst zum Boden herunter und deckt sie mit Fichtenreisig oder Schilfmatten ab, sollten die Pflanzen auch bei stärkerem Frost keinen Schaden erleiden. Als Spalier an einer südlichen, windgeschützten Hauswand sind Brombeeren vor Frost geschützt. Auch Lagen über 500 m machen diesen Halbsträuchern wegen der früh im September einsetzenden, oft bereits recht strengen Fröste zu schaffen.

Die Brombeerfrüchte müssen gut ausreifen, damit sie ihre volle Süße entwickeln. Sie sind dann reif, wenn sich die Sammelfrüchte leicht vom Fruchtboden lösen lassen und eine dunkle Farbe aufweisen.

Die schönen Brombeerblüten sind eine gute Bienenweide.

Sortenwahl

Unter den stachligen und stachellosen Brombeeren gibt es sowohl bewährte Sorten als auch empfehlenswerte Neuzüchtungen.

'Schwarze Perle': stachellose Kletterbrombeere mit großen, süßen Früchten, die sich gut zum Einfrieren eignet

'Theodor Reimers': altbewährte, frostempfindliche Brombeersorte mit Stacheln; anspruchslos und trotzdem sehr wüchsig und reich tragend; mittelgroße bis große schwarzglänzende Beeren, sehr saftig und von aromatischer Süße; Reifezeit ab Anfang August bis Anfang Oktober; da diese Brombeere selbst auf sandigen Böden noch reiche Ernten bringt, wird sie auch „Sandbeere" genannt

'Thornfree': stachellose amerikanische Züchtung; ab Ende August reif; Beeren sind wohlschmeckend und groß

'Wilsons Frühe': eine aufrecht wachsende Sorte mit wenigen Stacheln und gutem Ertrag an kleinen bis mittelgroßen schwarzglänzenden Beeren; besonders zur Reifezeit gut mulchen; bei Feuchtigkeit und Humusnachschub gibt es größere und saftigere Beeren

Düngung und Pflege

Die Brombeere braucht grundsätzlich die gleiche Düngung und Pflege wie die Himbeere. Es sollte lediglich etwas mehr Algenkalk gegeben werden, denn der pH-Wert des Bodens darf bis auf 6,5 steigen.

Allerdings erfolgt die Düngung im zeitigen Frühjahr. Eine Herbstdüngung würde das rechtzeitige Ausreifen der jungen Triebe verhindern und die etwas frostempfindlichen Brombeerpflanzen im Winter gefährden.

Deshalb spritzt man, neben den für Himbeeren empfohlenen Maßnahmen, ab August bis zum Blattfall mehrmals am späten Nachmittag, am besten zur Zeit des Sonnenunterganges mit Hornkiesel. Die auch für Himbeeren empfohlene Preicobakt-Spritzung vor Frostbeginn macht die Brombeeren ebenfalls frosthärter.

Brombeerzweig mit reifen und unreifen Früchten

Im Herbst wird die Mulchschicht lediglich ergänzt, mit Kompoststarter überstreut und etwas Steinmehl beschwert.

Schädlings- und Krankheitsabwehr

Die Brombeerpflanze ist wesentlich weniger anfällig als die Himbeere. Bei den für die Himbeeren in Frage kommenden Spritzungen bleibt die Brombeere fast immer gesund.

Botrytis-Fruchtfäule wird wie die Fruchtfäule der Erdbeeren behandelt.

Gegen die **Brombeergallmilbe** (Aceria essigi, früher Eriophyes essigi) erzielt man gute Erfolge mit je einer Herbst- und Frühjahrsspritzung mit Rainfarn-, Wermutoder Zwiebeltee oder auch Artanax S.

Die Milben überwintern an geschützten Stellen der Pflanze. Während des Blattaustriebes wandern sie auf die jungen Blätter und später auf die Blütentriebe. Dort saugen sie an den unreifen Einzelfrüchten, die sich vorzeitig rot färben, dann aber nicht dunkel werden und hart und sauer bleiben.

Nach dem Herbstschnitt spritzt man entweder Rainfarn oder Wermut (300 g frisches Kraut und Blüten oder 30 g getrocknetes Kraut mit 10 l Wasser überbrühen, zweifach verdünnen) oder Zwiebeltee (75 g frische Zwiebeln zerkleinern und mit 10 l Wasser 3 Minuten ohne Aufwallen sieden, unverdünnt). Das gleiche wiederholt man ab Mitte Mai vor und während der Blüte, aber vierfach beziehungsweise zweifach verdünnt. Artanax S wird zu den gleichen Zeiten gespritzt.

Milben entwickeln sich gut, wenn der Boden trocken ist. Eine Dauermulchschicht ist deshalb die beste Vorbeugung.

Die **Brombeerrankenkrankheit** (Rhabdospora ramealis) ähnelt der Himbeerrutenkrankheit und wird auch genauso bekämpft. Die Pilze befallen die Pflanzen von April bis Juni.

Sommerschnitt

Besonders wichtig für ein geordnetes Wachstum der Brombeere ist der Sommerschnitt. Dabei läßt man von neu austreibenden Sprossen nur vier bis acht der kräftigsten wachsen, die schwächeren werden am Boden weggeschnitten.

Ab Ende Juni bilden sich an den Jungtrieben zahlreiche Nebentriebe. Haben diese eine Länge von 30–40 cm erreicht, werden sie auf zwei bis vier Augen zurückgeschnitten. Der Rückschnitt muß mehrmals ausgeführt werden, ebenso das Hochbinden der jungen Ranken.

Der Sommerschnitt bewirkt einen reichen Ertrag mit großen Früchten.

Vermehrung

Die einfachste Art der Brombeervermehrung im Garten ist das Absenken der Triebspitzen in den Boden, ungefähr Ende August/Anfang September. In wenigen Wochen bildet der Trieb im Boden Wurzeln und oberirdisch einen neuen Trieb. Im Frühjahr wird die neu entstandene Pflanze von der Mutterpflanze getrennt und für eine Neupflanzung verwendet.

Die aufrecht wachsenden Sorten werden wie die Himbeere durch Abstechen der Wurzelschosse vermehrt. Dabei ist auf ausreichendes Wurzelwerk zu achten.

Vermehrung von Brombeeren durch Absenken

Heilkraft der Brombeere

Blätter und Früchte der Brombeerpflanze werden genauso für die Gesundheit angewandt wie die der Himbeerpflanze. Die Sammelfrüchte der Brombeere enthalten mehr Vitamin A als die Früchte aller anderen Obstarten, selbst die der Aprikose. Auch der Kalkgehalt der Brombeere hält den Rekord unter den Früchten.

Selbst die im Herbst nicht mehr ausgereiften Beeren kann man noch verwenden. Sie werden gepflückt, getrocknet und können dann jederzeit gegen Durchfall gekaut werden.

Gegensätzlich wirken die ausgegrabenen Wurzeln. So lassen sich überschüssige Ausläufer noch sinnvoll verwenden. Die Wurzeln werden kleingeschnitten und getrocknet. Gegen Stuhlverstopfung übergießt man die Wurzeldroge mit heißem Wasser und läßt sie eine Viertelstunde kochen. Der getrunkene Absud fördert den Stuhlgang und wirkt auch harntreibend.

Blätter zum Trocknen werden von Mai bis Juni gesammelt.

Johannisbeeren

Johannisbeeren
(Familie: Saxifragaceae)

Zunächst werden hier die **rote und die weiße Johannisbeere** (Ribes rubrum) dargestellt, weil sie nicht in allen Bedürfnissen mit der schwarzen Johannisbeere übereinstimmen.

Während die rote Johannisbeere im Erwerbsanbau eine größere Rolle spielt als die weiße, weil letztere nicht so ertragreich ist, wird die weiße Johannisbeere wegen ihres milderen, feineren Geschmacks sehr gern im Hausgarten und im Schrebergarten angepflanzt.

Beide Steinbrechgewächse brauchen einen sonnigen Standort, der aber doch ein wenig Schatten haben soll. Windschutz, feuchter Boden und Wärme sind wichtig. Außer auf einem Nordhang gedeihen sie an Hängen jeder anderen Himmelsrichtung. Als Zwischenpflanzung bei Obstbäumen, die sie täglich kurze Zeit, am besten über Mittag, beschatten können, gedeihen sie besonders gut. Eine Pflanzung von Johannisbeeren zusammen mit Stachelbeeren hat sich auch gut bewährt.

Sortenwahl

Johannisbeeren sind meist selbstfruchtbar, aber wegen des höheren Ertrages und der besseren Qualität der Beeren lohnt es sich, mehrere Sorten anzupflanzen.

'Heinemanns rote Spätlese': reich tragende Sorte mit hohem Ertrag im August; weit ausladender Strauch, der 2 m Abstand braucht; Vermehrung nur durch Absenker; nicht durch Steckhölzer

'Heros': rote, mildaromatische Sorte, die bei guter Düngung reich trägt; frühe Blüte; früher bis mittelfrüher Ertrag; durch kräftigen Erziehungsschnitt und reichliche Düngung wird auch der etwas schwächliche

Weiße Johannisbeeren

Wuchs überwunden; wenig verzweigt und leicht überhängend; nicht nur als Strauch und Hochstamm, sondern auch als Heckenanlage beliebt
'Jonkheer van Tets': eine der wohlschmekkendsten roten Sorten; frühe Blüte; Reife ab Ende Juni; kräftiger, aufrecht wachsender und wenig verzweigter Strauch; vor Spätfrost und Wind schützen
'Macherauchs späte Riesentraube': rote späte Sorte, die reich trägt und sich sehr gut als Hochstämmchen eignet
'Rote Holländer': altbewährte Sorte mit mittelgroßen, hellroten Beeren und später Blüte- und Reifezeit; kräftiger, breit ausladender Strauch, auch für rauhere Lagen sowie Hochstämmchen geeignet und ohne große Bodenansprüche
'Rote Vierländer': späte Blüte und etwas spätere Reife als bei 'Heros'; dunkelrote, sauer aromatische, saftreiche Beeren; robuster, kräftig wachsender Strauch

'Weiße aus Jüterbog': süße, wohlschmekkende Beeren; robuster Strauch mit mittelfrühen Erträgen
'Weiße Versailler': reich tragende weiße Sorte mit mild süßen Beeren; besonders als Rohkost geeignet

Bodenpflege

Die Düngung der Johannisbeeren kann genauso durchgeführt werden wie bei Himbeeren. Statt des Schweinemists bevorzugt man jedoch Pferde- und Rindermist als Beigabe zum Kompost. Die flach liegenden Haarwurzeln, die befähigt sind, Nahrung aus dem Boden aufzunehmen, sollten immer mit gut vererdetem Kompost bedeckt sein. Darauf kann Mulchkompost gestreut werden. Er hält den Boden lebendig. Auch bei Johannisbeeren sollte nie die Mulchschicht fehlen, damit der Boden ständig feucht bleibt. Jede Bodenlockerung erübrigt sich dann ebenfalls und ist bei den flach liegenden Wurzeln auch nicht anzuraten.

Mit Kalk sollte vorsichtig umgegangen werden, da Johannisbeeren am besten bei einem pH-Wert von 5,5–6 gedeihen. Lediglich Algenkalk (Algomin) darf dem Kompost in geringen Mengen zugesetzt werden. Er enthält neben kohlensaurem Kalk Magnesium und alle lebenswichtigen Spurenelemente, macht den Boden locker, fördert die Aktivität der Bodenorganismen und führt bald zu einer hervorragenden Bodengare.

Bei einer ständigen Mulchdecke kann auf Gießen meist ganz verzichtet werden. In Zeiten großer Trockenheit ist ab und zu die Feuchtigkeit unter der Mulchdecke zu prüfen und bei Bodentrockenheit einmal durchdringend zu gießen.

Leitungswasser sollte abgestanden sein, damit es Umgebungstemperatur hat, und mit Biosmon verrührt werden. Das Chlor unseres Leitungswassers vertragen Johannisbeeren nicht gut. Der mineralische Wasserverbesserer Biosmon neutralisiert es und gibt dem Wasser seine ursprüngliche Spannkraft zurück.

Rote Johannisbeeren

Gründüngung

Dem Mangel an organischen Pflanzenabfällen zum Mulchen kann man auch bei
Johannisbeeren mit Gründüngungsunter-
saaten abhelfen. Niedrig wachsende Legu-
minosen sind hier zu empfehlen, außerdem
nicht rankende Kapuzinerkresse.
Gut bewährt hat sich auch eine Untersaat
mit Brennesseln. Da Brennesselsamen
schwer keimt, bereitet man aus bereits
samenden Brennesseln (Blütezeit Mai bis
Juli) eine Jauche (1 kg frisches, geschnittenes Kraut mit Fruchtständen, 10 l Wasser
und 3 Handvoll Steinmehl in einem Holzfaß
oder Steingutgefäß so lange gären lassen,
bis beim Rühren kein Schaum mehr entsteht). Die fertige Jauche kann zehnfach
verdünnt mit dem Kraut auf den Wurzelbereich der Johannisbeersträucher gegossen
werden. So düngt und sät man gleichzeitig.
Die wachsenden Brennesseln sorgen für
eine gute Bodengare. Gleichzeitig bekommen die Sträucher eine nahrhafte Bodenbedeckung, wenn man die Brennesseln bei
Blühbeginn abschneidet und liegenläßt. Sie
sind unter anderem reich an Chlorophyll,
Eisen, Kalk, Kieselsäure, Ameisensäure,
Mineralsalzen, Vitaminen und Gerbstoffen.
Solch eine Pflanzengemeinschaft hält sich
viele Jahre und kräftigt die Johannisbeeren
fortwährend.

Vorbeugende Spritzungen

Bei Johannisbeeren sollten die gleichen
Spritzungen wie bei Himbeeren vorgenommen werden, nämlich mit den biologisch-
dynamischen Präparaten Hornmist und
Hornkiesel zur Stärkung, Wuchsfreudig-
keit, Ertragssteigerung und Harmonisie-
rung von Boden und Sträuchern.
Ebenso sinnvoll sind die Blattspritzungen
mit Schachtelhalmtee und Brennesseljauche im Spätsommer und die Förderung
der Blütenbildung durch Baldrianblütenextrakt.

Schädlings- und Krankheitsabwehr

Es muß immer wieder betont werden, daß
die empfohlene Bodenpflege und die vorbeugenden Spritzungen Schädlinge und
Krankheiten erst gar nicht aufkommen lassen. Wenn sie doch auftreten, hat man meist
einen Fehler gemacht. Deshalb seien hier
nur kurz Schäden und Abwehr aufgezählt:
Die **Blattfallkrankheit** wird durch einen
Pilz (Drepanopeziza ribis) verursacht. Die
Blätter bekommen braune Flecken, vergil-
ben und fallen ab. Es helfen Preicobakt-
Spritzungen und Zwiebelschalenjauche
(200–500 g auf 10 l Wasser vergären, täglich umrühren).
Blattläuse, meist die grüne Johannisbeer-
trieb-Blattlaus (Aphis scheideri), befinden
sich an der Blattunterseite der Triebspitzen.
Die Blätter kräuseln sich und rollen sich ein.
Die Triebspitzen sind gestaucht. Meist genügt es, die jungen Triebe mit einem harten,
kalten Wasserstrahl in der größten Mit-
tagshitze abzuspritzen, vorsichtig die obersten Zentimeter des Bodens zu lockern und
den ganzen Wurzelbereich zu mulchen.
Außerdem hilft Wermuttee (300 g frisches
oder 30 g getrocknetes, in jedem Fall
geschnittenes Kraut mit 10 l kochendem
Wasser überbrühen, nach 10 Minuten absei-
hen und dreifach verdünnt ausspritzen). Die
Winterspritzung mit Rainfarntee auf
Sträucher und Nachbarpflanzen, auf denen
die Eier überwintern, hilft ebenfalls.

Grauschimmel (Botrytis cinerea) kann in feuchten Sommern beträchtlichen Schaden anrichten. Hornkiesel-, Schachtelhalmtee- und CP-Mineralpulverspritzungen helfen.

Die **Johannisbeerblasenlaus** (Cryptomyzus ribis) verursacht rot gefärbte, blasenartige Auftreibungen an der Blattoberseite. An der Unterseite sitzen gelbliche, kleine Läuse. Wirtswechsel findet im Juni auf wilde Lippenblütler statt. Im Spätherbst werden die Eier auf der roten Johannisbeere abgelegt. Spritzungen mit Rainfarn- oder Zwiebelschalentee helfen.

Die **Rotpustelkrankheit** wird durch den Pilz Nectria cinnabarina hauptsächlich an Johannisbeeren, aber auch an allen anderen Obstarten und Ziergehölzen verursacht. Er befällt altes Holz und nicht tief genug am Wurzelhals abgeschnittene, faulende Triebstümpfe, aber dann auch junges Holz. Die roten Pusteln auf der Rinde enthalten die Vermehrungssporen. Kräftiger Rückschnitt, Verbrennen des Schnittholzes, Bestreichen der Schnittwunden mit dickem Preicobakt-Brei, Preicobakt-Spritzungen im Herbst und Frühjahr und Mulchen führen neben den empfohlenen vorbeugenden Pflegemaßnahmen wieder zu gesunden Pflanzen.

Schildläuse, meist die Napfschildlaus (Lecanium corni), deren Weibchen die Beine verlieren und glänzendbraune Schilde bekommen, unter denen sich die Eier entwickeln, schädigen durch Anstechen der Rinde, Saftentzug, Verkrüppelung, starke Honigtauausscheidung und dadurch Befall mit Rußtaupilzen. Vorbeugende Spritzungen mit Hornkiesel, Schachtelhalmtee, CP-Mineralpulver und Preicobakt helfen genauso wie ein Stammanstrich nach Abbürsten der Krusten mit Farnkrautextrakt (5 g mit 1 l Wasser 24 Stunden ziehen lassen, für Jungholz etwas verdünnen).

Die **San-José-Schildlaus** ist selten und nur in warmen Gegenden kommt diese nach dem zweiten Weltkrieg bei uns eingeschleppte Schildlaus auf roten Johannisbeeren vor. Zunächst zeigen sich rote Flecken auf Zweigen, Blattstielen und Früchten, später schorfige, graue Krusten mit Schildläusen. Die Pflanzen sterben ab. Bei Verdacht auf Befall muß man die Pflanzenschutzbehörde informieren.

Erhaltungsschnitt

Erst nach dem dritten Jahr ist ein intensiverer Schnitt nötig, denn Johannisbeeren tragen am zwei- und dreijährigen Holz und bilden auch noch in den Jahren darauf fruchttragende Kurztriebe. Zur Gesunderhaltung der Sträucher werden alle nach innen wachsenden Triebe weggeschnitten. Jeder Johannisbeerstrauch sollte ständig acht bis zwölf kräftige Triebe haben. Drei- und mehrjähriges Holz schneidet man bis zum Boden weg und verschließt die Schnittstellen mit Preicobakt-Brei oder Lacbalsam. Am vorteilhaftesten ist der Schnitt nach der Ernte, da dann die ganze Kraft der Pflanzen in die Knospen geht. Als Ersatz für die entfernten älteren Triebe werden die kräftigsten jungen ausgesucht.

Durch die permanente Teilverjüngung der Sträucher erübrigt sich der zeitraubendere Fruchtholz- und Stummelschnitt.

Im Frühjahr bricht man junge Triebe, die nach innen wachsen, einfach aus.

Auslichten eines Johannisbeerstrauches; altes Holz wird bei roten und weißen Johannisbeeren bis zum Boden weggeschnitten.

Vermehrung

Die abgeschnittenen einjährigen Triebe lassen sich als Steckhölzer verwenden. Man schneidet im Herbst gut ausgereifte Jungtriebe unterhalb eines Auges schräg ab und lagert sie kühl im Einschlag bis zum Frühjahr. Dann kappt man die Spitze oberhalb eines Auges auf 20 cm Steckholzlänge und steckt sie so in einen 15 cm tief ausgehobenen, mit einer senkrechten Wand versehenen Graben, daß nur zwei Augen über den Grabenrand schauen. Dann schüttet man den Graben mit quarzsandhaltigem Erdreich zu. Nach einem Jahr haben die Steckhölzer Wurzeln geschlagen und werden in komposthaltige Erde umgesetzt. Im Jahr darauf erhalten die Pflanzen ihren endgültigen Standort.

Bei **schwarzen Johannisbeeren** (Ribes nigrum) gibt es alle Übergänge zwischen Selbstfruchtbarkeit ('Roodknop') und selbstunfruchtbaren Sorten ('Rosenthals Langtraubige Schwarze'), so daß es sinnvoll ist, immer verschiedene Sorten zusammenzupflanzen. Außerdem wird durch Fremdbestäubung der Ertrag wesentlich gesteigert.

Vermehrung der Johannisbeeren durch Steckholz, das an der senkrechten Erdwand hochgestellt wird.

Standort

Im Gegensatz zu den anderen beiden Johannisbeersorten liebt die schwarze Johannisbeere nicht zu viel Sonne. Südhanglage ist wegen zu frühem Austrieb, der Spätfrösten zum Opfer fallen könnte, zu meiden. Dafür können die Sträucher auch am Nordhang und in rauheren Lagen gepflanzt werden. Besonders gut gedeihen sie im Schatten von Sauerkirschen, an Hängen und auf Erdhügeln. Stämmchen sind nicht zu empfehlen, weil der Wurzelhals leicht austrocknet.

Sortenwahl

'Goliath', 'Roodknop', 'Rosenthals Langtraubige Schwarze' und 'Silvergietors Schwarze' reifen früh. 'Roodknop' und 'Silvergietors Schwarze' fördern sich gegenseitig in der Befruchtung. Spät reifende Sorten sind 'Baldwin Hilltop' und 'Daniels September', aber auch die letztgenannte reift noch vor dem September. Einen besonders hohen Vitamin-C-Gehalt haben 'Baldwin Hilltop', 'Daniels September', 'Roodknop' und 'Rosenthals Langtraubige Schwarze'.

Pflanzung und Pflege

Für die schwarze Johannisbeere gelten bei Pflanzung und Pflege dieselben Maßnahmen wie bei der roten und weißen Johannisbeere. Die schwarze Johannisbeere pflanzt man eher noch etwas tiefer, damit zum Aufbau des Strauches und später für die Verjüngung genügend kräftige Bodentriebe wachsen.

Für den späteren Schnitt ist zu berücksichtigen, daß die schwarze Johannisbeere am einjährigen Holz trägt. Es muß deshalb durch starken Rückschnitt ständig für rechtzeitig sich entwickelnde Triebe gesorgt werden, wobei auch kräftige Jungtriebe ausgewählt werden, die nicht aus dem Boden wachsen, sondern aus dem unteren Teil alter Gerüstäste.

Düngung und Spritzplan gleichen denen der anderen Johannisbeeren. Da die schwarze Johannisbeere bezüglich Humus und

Schwarze Johannisbeeren

Bodenfeuchtigkeit höhere Ansprüche stellt, sind die Düngergaben etwas höher, und die Mulchschicht sollte immer wieder aufgefüllt werden. Eine Untersaat mit Brennesseln lohnt sich ganz besonders.

Schädlings- und Krankheitsabwehr

Schwellen die länglichen Knospen des schwarzen Johannisbeerstrauches zu Rundknospen an, so ist die weißliche Gallmilbe (Cecidophyopsis ribis) am Werk, die sich 10 000fach in einer Knospe aufhält und auch auf andere Beerensträucher übertragen werden kann.

Alle befallenen Pflanzenteile müssen weggeschnitten und verbrannt werden, eventuell die ganze Pflanze. Weniger befallene Sträucher kann man mit einem Pyrethrum-Derris-Mittel spritzen oder einstäuben. Hände, Arbeitsgeräte und -kleidung sind gut mit heißem Wasser zu reinigen.

In feuchter Witterung und bei zu engem Stand der schwarzen Johannisbeeren können die Blätter auf der Unterseite gelbrote Pusteln bekommen, die sich im Spätsommer rostrot färben. Es handelt sich dann um den manchmal auch bei der Stachelbeere auftretenden Säulenrost. Sein Erreger ist der Pilz Cronartium ribicola, dessen Wirtspflanze meist die Weymouthkiefer (Pinus strobus) ist.

Solange im Umkreis von mehreren hundert Metern diese Kiefern wachsen, ist dem Säulenrost schwer beizukommen. Die einzige Hilfe bringt Wermut als Nachbarpflanze für die schwarze Johannisbeere. Wermut ist ein ausdauernder Strauch von 60–100 cm Höhe. Es genügt eine einzige Pflanze zur Bekämpfung des Säulenrosts bei ungefähr vier Johannisbeersträuchern. Auf die Dauer kann der Ertrag bei den schwarzen Johannisbeeren durch Wermut geringer werden. Deshalb versuche man es bei den ersten

Schwarze Johannisbeere in Blüte; das Innere ist gut ausgelichtet, aber es fehlt die Bodenbedeckung.

Anzeichen von Säulenrost mit Wermuttee-spritzungen (30 g frisches oder 3 g getrocknetes Kraut auf 1 l Wasser, dreifach verdünnt). Man spritzt an drei aufeinander folgenden Tagen vor der Johannisbeerblüte und dreimal nach der Blüte. Ein gut auslichtender Schnitt nach der Ernte ist in diesem Fall besonders wichtig, außerdem die regelmäßigen Hornkiesel- und Schachtelhalmspritzungen.

Vermehrung
Die schwarze Johannisbeere wird wie die rote und weiße Johannisbeere vermehrt.

Heilkraft der roten, weißen und schwarzen Johannisbeeren
Alle Johannisbeeren haben einen hohen Vitamin-A-Gehalt, aber der Vitamin-C-Reichtum der schwarzen Johannisbeere übersteigt den aller Obst- und Beerenarten, zumal seine Kombination mit zahlreichen wichtigen Mineralstoffen und Fruchtsäuren die Widerstandskraft des menschlichen Organismus gegen Infektionen besonders stärkt. Dazu kommt der hohe Gehalt an

P-Faktoren (P = Permeabilität = Durchlässigkeit der kapillaren Blutgefäße).
Der Tee aus Blättern der schwarzen Johannisbeere wirkt harn- und schweißtreibend und hilft gegen Erkrankungen der Harnwege und der Blase. Er wird auch gern als Haustee zusammen mit jungen Erdbeer-, Himbeer- und Brombeerblättern verwendet. Früchte und Blätter wirken günstig auf Stoffwechsel und Nervensystem.

Stachelbeeren
(Familie: Saxifragaceae)

Die Beeren dieses zweiten Steinbrechgewächses unter den Beerengehölzen haben einen leicht säuerlichen Geschmack, der nicht nur die rohen Beeren beliebt gemacht hat, sondern auch der reinen Stachelbeermarmelade, vor allem aber den Mischungen aus Stachelbeeren und anderen Obstarten, ein besonders köstliches Aroma verleiht. Man versuche nur einmal die hervorragend schmeckende Stachelbeer-Erdbeer-Marmelade, die es leider nur sehr selten im Handel gibt.
Als Tief- und Flachwurzler, dessen Wurzeln aber nicht unmittelbar an der Bodenoberfläche liegen wie die der Johannisbeere, bevorzugt die Stachelbeere tiefgründigen, etwas lehmhaltigen, lockeren Boden, der oberflächig bearbeitet werden darf.
Gut vererdeter Kompost mit kompostiertem Algenkalk und Dauermulch hält Stachelbeergehölze gesund. Sie können als Sträucher, Fuß-, Halb- und Hochstämme gepflanzt werden und gedeihen an sonnigen Standorten mit leichter Beschattung am besten.

Sortenwahl
Stachelbeergehölze werden grob in gelbe, grün-weiße und rote Sorten eingeteilt.
Unter den gelben Sorten sind 'Gelbe Triumph', 'Hönings Früheste' und 'Laufeuer Gelbe' beliebte und reich tragende Sorten.
Unter den grün-weißen Stachelbeeren gibt

es leider viele mehltauanfällige. Bei ausreichender Algomingabe (Algenkalk) und auch eventuellem Stäuben der Gehölze mit Algomin vor und nach der Blüte läßt sich Mehltau vermeiden. Es wäre schade, auf wohlschmeckende Sorten wie beispielsweise 'Weiße Neckartal' oder 'Weiße Triumph' oder die zum Grünpflücken sehr gut geeignete 'Lady Delamere' zu verzichten. Die grüne Stachelbeere 'Macherauch's Resistenta' ist, wie ihr Name schon andeutet, mehltauresistent.

Bei den roten Sorten gibt es sehr gesunde Gehölze mit reichem Ertrag. Hier sind 'Maiherzog', 'Rote Orleans' und 'Rote Preis' zu nennen, während man bei der 'Roten Triumph' gegen Mehltau angehen muß. Letztere eignet sich zum Grünpflücken.

Pflege und Erhaltungsschnitt

Die Pflege der Stachelbeergehölze unterscheidet sich nicht viel von der des bisher beschriebenen Beerenobstes. Beim Düngen wird lediglich etwas mehr Algenkalk verabreicht. Gegen Mehltau wird gestäubt. Die Spritzungen mit Hornmist und Hornkiesel halten die an sich schon recht robusten Pflanzen gesund. Als leichte Kaligabe empfiehlt sich Beinwelljauche (Komfrey, 1 kg frische oder 150 g getrocknete Blätter und Wurzeln verjauchen, dreifach verdünnt gießen und als Blattspritzung).

Da die Stachelbeergehölze vorwiegend an den im Vorjahr gewachsenen Trieben Früchte tragen, ist durch Schnitt ständig für kraftvollen Neuaustrieb und Zuwachs an Fruchtholz zu sorgen.

Grüne Stachelbeeren

Erwachsene Sträucher sollten nach der Ernte auf 8–12 ein- und zweijährige kräftige Triebe reduziert werden. Altes Holz – an der dunklen Farbe zu erkennen – schneidet man bis zum Boden weg, ebenso alle nach innen wachsenden Triebe.

Das Zurückschneiden der Verlängerungstriebe am Gerüstholz ist ebenfalls wichtig und das Einkürzen der Seitentriebe. Auf den Boden herunterhängende Zweige werden auf ein nach oben weisendes Auge zurückgeschnitten, damit die Stachelbeeren nicht am Boden liegen und verschmutzen.

Schädlings- und Krankheitsabwehr

Im biologischen Anbau sind Schäden an Stachelbeeren nicht üblich. Auf den Amerikanischen Stachelbeermehltau, dessen Erreger ein Pilz (Sphaerotheca mors uvae) ist, wurde schon eingegangen.

Die bereits bei den Johannisbeeren beschriebene **Blattfallkrankheit** wird genauso behandelt, wie dort beschrieben.

Blattläuse und **Spinnmilben** kann man in der Mittagssonne mit einem harten, kalten Wasserstrahl vertreiben, oder man taucht die befallenen Triebe in heißes Wasser von 50–52°C. Die grünen Blätter erholen sich bald wieder, die Schädlinge jedoch sind tot. Die hellgrünen Afterraupen der **Stachelbeerblattwespe** können Stachelbeergehölze vollständig kahlfressen. Sobald man den Schaden bemerkt, bestäubt man Sträucher und Boden mit Algomin. Durch dieses Inkrustierverfahren werden die Afterraupen ausgetrocknet. Nach dem gründlichen Einstäuben legt man Papier unter die Stachelbeergehölze und schüttelt sie. Die Raupen fallen ab und werden sofort vernichtet. Das abgefallene Herbstlaub wird verbrannt.

Die kahlen Stachelbeergehölze erhalten an frostfreien Tagen dreimal hintereinander zweifach verdünnte Rainfarnteespritzungen, die im Frühjahr vor dem Aufbrechen der Knospen wiederholt werden (30 g getrocknetes Kraut auf 10 l Wasser).

Blühender Stachelbeerast

Vermehrung

Die Vermehrung der Stachelbeergehölze erfolgt durch Absenker (siehe Brombeeren).

Ein anderes Verfahren ist der Abriß.

Dazu wird im Frühjahr die Mutterpflanze bis zum Boden zurückgeschnitten. Die sich neu entwickelnden Triebe werden während des Sommers immer wieder mit Erde angehäuft und bilden in dem lockeren Erdhügel neue Wurzeln. Im Herbst häufelt man die Erde unter Schonung der jungen Wur-

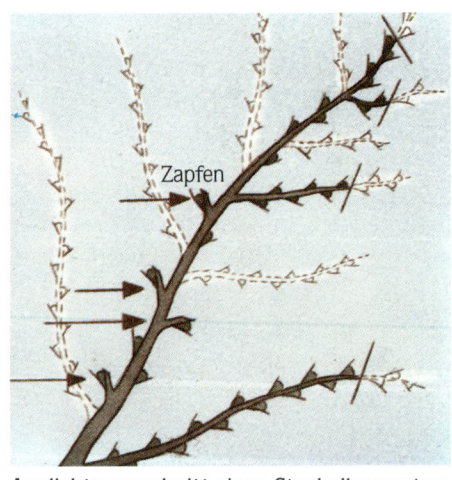
Zapfen

Auslichtungsschnitt eines Stachelbeerastes

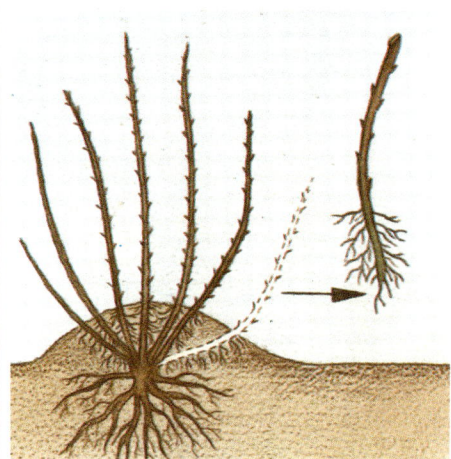

Vermehrung durch Abriß

zeln am besten mit behandschuhten Händen wieder weg und reißt oder schneidet die bewurzelten Jungtriebe vorsichtig ab. Meist müssen die jungen Pflanzen zur Kräftigung noch ein Jahr gesondert gepflanzt werden, ehe sie ihren endgültigen Standort bekommen.

Heilkraft der Stachelbeere

Die Stachelbeere enthält mehrere Fruchtsäuren, besitzt nicht ganz so viel Vitamin A wie die Johannisbeere, dafür aber wesentlich mehr Vitamin B. Der Vitamin-C-Gehalt ist höher als der der roten Johannisbeere. Stachelbeerpreßsaft mit Honig ist ein ausgezeichnetes Heilmittel bei Blutarmut und Nervenschwäche.

Auch Kiwis sind Stachelbeeren

Diese wohlschmeckenden, Vitamin-C-reichen Früchte werden bei uns auch im Hausgarten immer beliebter. Die Kletterpflanzen aus Neuseeland gedeihen nur im Weinklima an einer geschützt liegenden Südwand und im Gewächshaus wirklich gut.
Die Pflanzen sind zweihäusig. Vier bis fünf weibliche Pflanzen benötigen für die Befruchtung eine männliche. Bei der Bestäubung kann man im Gewächshaus mit dem Pinsel nachhelfen. Nach drei Jahren reifen die ersten Früchte, die im Oktober geerntet und im Dezember gegessen werden.
Die Blüten werden vor Frühfrösten durch Baldrianblütenextrakt-Spritzungen geschützt.

Sortenwahl

Die Kiwipflanze wurde 1845 in China entdeckt, in Neuseeland weitergezüchtet und zur heutigen Qualität entwickelt. Die beste Sorte ist 'Hayward', schwächer wachsende sind 'Abott', 'Bruno' und 'Monty'.

Pflanzung, Pflege und Schnitt

Der vorbereitete Boden sollte kalkarm (pH-5,5–6,5) sein. Um das zu erreichen, wird der Pflanzerde beim Aufsetzen des Kegels kein Algenkalk, dafür aber – neben den empfohlenen anderen Substanzen – Torf und Kompost, der aus Laub, gehäckseltem Holz und einer Beigabe Algenmehl (Meerwunder) hergestellt wurde, zugesetzt.
Kiwipflanzen können sowohl im Herbst als auch im Frühjahr in den Boden gebracht werden. Allerdings muß die Frostgefahr im Frühling vorüber sein (meist Ende Mai).
Günstig ist eine Sommerpflanzung mit Containerpflanzen, weil die wärmeliebenden Gewächse dann am besten anwachsen. Kiwipflanzen lieben feuchten Boden. Deshalb sollte sofort nach der Pflanzung nicht nur gründlich gegossen, sondern auch mit Laub, gehäckseltem Holz und Koniferennadelspreu gemulcht werden. Im Herbst erhalten die Pflanzen jeweils einen gut vererdeten, kalkarmen Kompost, der mit Ecovital S und Meeresalgen angereichert wurde. Auf die Mulchdecke kommt Meerwunder.
Die wärme- und lichtliebenden Pflanzen bekommen, wie alle anderen Beerenarten auch, Hornmist- und Hornkieselspritzungen. Sie brauchen wie die Brombeeren ein Rankgerüst mit drei gespannten Drähten und einer Gesamthöhe von 1,80 m. Noch günstiger ist eine Pergola, die ein wenig Schatten bietet, denn allzuviel Sonne führt bei den Früchten vor der Reife zu Schäden.

Kiwis; von links nach rechts: Jungtrieb, Blüten, Früchte

Im Herbst sollten Kiwipflanzen an der Basis Frostschutz aus Stroh oder Holzwolle bekommen, der nach den Eisheiligen wieder entfernt wird.

Wenn die Früchte im Juli/August etwa Walnußgröße haben, wird wie beim Wein der sogenannte Sommer- oder Grünschnitt durchgeführt. Fruchttragende Seitentriebe werden über dem vierten Blatt oberhalb der obersten Frucht weggeschnitten. Alle Austriebe bis zum zweiten Blatt werden zurückgenommen. Diese Schnittmaßnahme muß wiederholt werden, solange neue Triebe wachsen und den Früchten die Kraft wegnehmen.

Die im Oktober/November geernteten Früchte werden bei 4°C gelagert und halten sich bis Ende Februar. Eine fein versprühte Hornkieselspritzung an einem Fruchttag (nach Maria Thun) gegen Abend, etwa vier Wochen vor der Ernte, erhöht die Haltbarkeit der Kiwifrüchte.

Jostabeeren
(Familie: Saxifragaceae)

Versuche, verschiedene Beerenarten miteinander zu kreuzen, begannen schon 1922. Ziel war es, einen Beerenstrauch zu gewinnen, der, ohne den Amerikanischen Stachelbeermehltau, die Blattfallkrankheit und den Säulenrost zu bekommen, die guten Eigenschaften von Stachelbeere und Johannisbeere besitzt.

1975 war es endlich soweit, die selbstfruchtbare Jostabeere (Ribes nidigrolaria) konnte vom Züchter Dr. Rudolf Bauer in den Handel gegeben werden. Diese Beerenobstart aus der schwarzen Johannisbeere und der Stachelbeere wächst kräftig, ist stachellos und resistent gegen Mehltau, die Blattfallkrankheit und den Säulenrost. Außerdem hat sich die Jostabeere vollkommen widerstandsfähig gegen die Johannisbeergallmilbe und Virosen beziehungsweise Mykoplasmen der schwarzen Johannisbeere erwiesen. Letztere sind 1967 erstmalig nachgewiesene Organismen, die zwischen Viren und Bakterien einzuordnen sind.

Die Jostabeerensträucher haben einen kräftigeren Wuchs als jede Sorte der Ausgangspflanzenart. Die Triebe werden schon im zweiten Jahr nach der Pflanzung mehr als 1,50 m hoch. Die Blüten sind größer als bei Johannis- und Stachelbeeren und bilden sich schon am einjährigen Holz. Die dunkelgrünen Blätter haben in Form und Größe eine mittlere Stellung zwischen denen der Mutterpflanzen und bleiben im Herbst lange am Strauch.

Die zunächst grünen, im Reifezustand blauschwarzen glatthäutigen Jostabeeren sind kleiner als Stachelbeeren, aber größer als schwarze Johannisbeeren und hängen an kurzen Stielen in zwei bis fünfzähligen kurzen Trauben am einjährigen Holz, àn mehrtraubigen Fruchtspießen am älteren Holz. So verkahlt der Strauch nicht so stark wie der der schwarzen Johannisbeere, sondern er trägt viele Jahre am ganzen Strauch Beeren.

Die Beeren hängen selbst bei Vollreife fest am Strauch und haben die aromatische milde Säure der Stachelbeere und trotzdem einen Hauch des eigentümlichen Geschmackes der schwarzen Johannisbeere.

Pflanzung, Pflege und Schnitt

Beim Pflanzen des Jostabeerenstrauches ist zu beachten, daß er 4 m² Standfläche braucht. Er wächst in allen Böden schnell an und treibt bald kräftig durch. Ein Pflanzschnitt ist deshalb nicht erforderlich. Auch der spätere Erhaltungsschnitt kann sich auf gelegentliches Auslichten der nach innen wachsenden Zweige und das Einkürzen der überhängenden Seitenzweige beschränken. Da die regelmäßige Erneuerung der Tragäste nicht so notwendig ist, werden Jungtriebe zunächst über viele Jahre einfach am Boden weggeschnitten.

Wegen der Schäden durch Spätfröste sind

Jostabeeren

wurzelecht gezogene Hochstämmchen zu empfehlen, die nur 2 m² Platz brauchen und unter denen die Kaltluft abfließen kann.

Eine Düngung ist nur nötig, wenn die Triebkraft deutlich nachläßt, und erfolgt dann wie bei der schwarzen Johannisbeere. Es ist jedoch sinnvoll, Jostabeerensträucher bei den Hornmist- und Hornkieselspritzungen der anderen Beerensträucher mitzubedenken und den Boden auch stets zu mulchen. Dem Mulchmaterial kann etwas Lavagranulat untergemischt werden. Dann haben die Sträucher eine naturgemäße Langzeitdüngung, bei der sie gut gedeihen. Alle anderen Maßnahmen, die bei den anderen Beerenarten notwendig sind, können entfallen.

Heilkraft der Jostabeeren

Die Jostabeere hat einen etwa genauso hohen Vitamin-C-Gehalt wie die schwarze Johannisbeere (150–180 mg/100 g Bee-

Kulturheidelbeeren; links: mit Blüten; rechts: mit Früchten

ren) und kann deshalb vorbeugend gegen Infekte und als Kräftigungsmittel verwendet werden. Die Frucht läßt sich langfristig einfrieren und gibt Marmeladen und Säften ein köstliches Aroma.

Kulturheidelbeeren
(Familie: Ericaceae)

Anfang dieses Jahrhunderts entstanden in Nordamerika durch Auslese der weit verbreiteten Wildvorkommen viele Sorten der Kulturheidelbeeren, die dort sehr beliebt und auch wirtschaftlich von Bedeutung sind. In Deutschland begann man erst in den 30er Jahren unseres Jahrhunderts mit der Züchtung von Kulturheidelbeeren, die sich für mitteleuropäische Verhältnisse eignen. Auch an diesen sind die amerikanischen Arten maßgeblich beteiligt.

Obwohl den Haus- und Kleingärtnern Kulturheidelbeeren noch weitgehend unbekannt sind, lohnt sich ihr Anbau doch sehr. Die Sträucher werden je nach Sorte 1–2 m hoch. Es gibt aber auch welche für große Pflanzschalen, die beispielsweise auf dem Balkon gedeihen können und nur 40 cm hoch werden. Abgesehen von den großen blauen, aromatischen Beeren, die wochenlang am Strauch bleiben (Reife je nach Sorte Juli bis September), haben die Kulturheidelbeeren im Frühsommer büschelweise schöne weiße, altrosa schimmernde, glokkenförmige Blüten und im Herbst rot gefärbte Blätter und sind auf diese Weise nicht nur Nutz- sondern auch Zierpflanzen.

Standort

Unser Klima ist für Kulturheidelbeeren gut geeignet. Fröste unter −25 °C kommen ja wohl kaum vor. Der Standort soll sonnig bis halbschattig und windgeschützt sein.

Sortenwahl

Von den in Deutschland Gezüchteten sind die wertvollsten Sorten 'Blauweiß-Goldtraube', von der eine Population 'Goldtraube' angeboten wird, und die beiden geschützten Sorten 'Ama' und 'Heerma'.

Die amerikanischen Sorten haben Reifezeiten zwischen Juli und September. Die frühesten sind 'Bluetta', 'Collins' und 'Early Blue'. 'Bluecrop', 'Blueray' und 'Northland' sind im August reif. 'Elliott', 'Lateblue' und 'Jersey' gehören zu den späten Sorten. Der bisher kleinste Strauch von 40 cm Höhe ist 'Top Hat', der im Juni blüht und Ende August sowie im September reife Früchte trägt.

Pflanzerde

Unsere Gartenböden sind allerdings in den meisten Fällen für Kulturheidelbeeren ungeeignet, denn welcher Garten hat Hochmoor- oder Heidesandboden mit einem pH-Wert von 4,3–4,8? Diesen Boden braucht die Kulturheidelbeere allerdings, sonst geht sie ein.

Das geeignete Bodenmilieu kann durch Bodenaustausch geschaffen werden (Grube für kleine Sträucher 30 cm tief, 50 x 50 cm, für große 60 cm tief, 150 x 150 cm).

Um den gewünschten sauren Boden zu bekommen, bereitet man die Pflanzerde folgendermaßen vor: Aus gut vererdetem Laub-, Häckselholz-, Sägespäne- und Koniferennadel- oder Torfkompost und der halben Menge der ausgehobenen Gartenerde macht man zusammen mit 10% Sand, 10% Horn- und Knochenmehl, 250 g/m³ Alginure-Granulat und etwas Kompoststarter eine Erdmischung, die man mit heißem Wasser überbraust, mit einem Abdeckmaterial zudeckt und drei Tage ruhen läßt. Dann füllt man die angegärte Erde in das vorbereitete Pflanzloch und deckt mit Mulchmaterial ab. Je länger die Erde dort von den Bodenorganismen durchgearbeitet werden kann, desto wurzelgerechter wird sie. Zehn Tage sollten dafür wenigstens zur Verfügung stehen, einige Monate sind besser.

Pflanzung, Pflege und Schnitt

Als Pflanzgut werden zwei- bis dreijährige Sträucher angeboten, die gut bewurzelt sein sollten und im Herbst oder zeitigen Frühjahr gesetzt werden können. Etwas tiefere Pflanzung als bei der Verschulung fördert die spätere Jungtriebbildung.

Obwohl Kulturheidelbeeren selbstfruchtbar sind, sollte man wegen der Ertragssteigerung mehrere Sorten pflanzen.

Der Boden wird nach der Pflanzung vorsichtig angetreten. Gründliches Gießen und Mulchen mit Laub, Sägespänen, gehäckseltem Holz oder Rinde läßt die Pflanzen gut anwachsen.

Die Sträucher müssen nach der Pflanzung und in den ersten Jahren nicht geschnitten werden. Doch dürfen die Äste nicht älter als drei bis vier Jahre sein, denn Heidelbeeren blühen und fruchten an einjährigem Holz. Ältere Triebe werden am Boden weggeschnitten und durch kräftige Neutriebe aus dem Stock ersetzt. Wegen der Blütenknospenbildung im Herbst ist der Schnitt nach der Ernte am günstigsten.

Kulturheidelbeeren sind Flachwurzler, deshalb muß die Bodenbearbeitung allein den Bodenorganismen überlassen bleiben. Die bereits beschriebene Bodenbedeckung sorgt für Düngung, sollte laufend auf 10–15 cm Höhe ergänzt werden und erhält im Herbst und im Frühjahr einen organischen Mischdünger wie Ecovital S oder Oscorna für immergrüne Pflanzen, etwas Meerwunder und den auch für die Pflanzung verwendeten Kompost. Dem Kompost wird immer etwas Alginure-Bodengranulat beigemischt, weil Alginure die Pflanzen vom pH-Wert des Bodens unabhängig macht. Die für die anderen Beerensträucher empfohlenen Hornmist- und Hornkieselspritzungen sind auch für die Heidelbeere empfehlenswert.

Der volle Ertrag setzt erst nach fünf bis sechs Jahren ein, hält bei guter Pflege dann aber über Jahrzehnte an. Die Beeren läßt man am Strauch vollständig ausreifen. Sie können nach dem Pflücken einige Tage kühl aufbewahrt werden.

Die Heilkraft der Kulturheidelbeere

Eine Fülle von Wirkstoffen zeichnet die Früchte aus: Gerbstoffe, die Vitamine C und A, Vitamine der B-Gruppe, Fruchtsäuren und Mineralstoffe.

An heißen Sommertagen ist frische Milch mit etwas Honig und vielen Kulturheidelbeeren eine köstliche und gesunde Erfrischung.

Die rohen Früchte fördern den Stuhlgang, während reife, bei 40–50 °C getrocknete Beeren gegen Durchfall gekaut werden. Noch besser ist es, vier gestrichene Eßlöffel voll getrockneter Heidelbeeren mit ½ l kochendem Wasser zu überbrühen und 10 Minuten zu kochen. Die Kerne der Heidelbeeren können bei Menschen, deren Magenschleimhäute sehr empfindlich sind, auf diesen Reizungen hervorrufen, was bei der Abkochung vermieden wird. Der blaue Farbstoff der Heidelbeeren soll außerdem Bakterienwachstum hemmen. Der Tee heilt Hämorrhoiden aus (4 Wochen lang 2mal täglich 1 Tasse).

Weinreben
(Familie: Vitaceae)

Im Hausgarten ist es in den meisten Gegenden am günstigsten, Wein – wie bereits dargestellt – an Hauswänden, Terrassenmauern oder an windgeschützten Pergolen zu ziehen. Nur in Weinbaugebieten kann er auch an Drahtrahmen gezogen werden, die zwei oder drei Spanndrähte haben sollten, den untersten in etwa 70 cm Höhe. Den zwei- oder dreijährigen senkrecht gezogenen Trieb biegt man zum untersten Draht in die Waagerechte und bindet ihn dort fest. An diesem Trieb entwickeln sich Seitentriebe, die am oberen Draht befestigt werden und Trauben ansetzen.

Sortenwahl

Bezüglich der Rebensorte sollte man sich vom Fachmann beraten lassen.
Einige wenige bekannte und im Hausgarten gut gedeihende Sorten seien hier angeführt, die Bodenqualität ist jedoch zu beachten.

Bekannte Weinsorten für den Garten

Sorte	Reifezeit	Farbe der Trauben	Bemerkungen
'Blauer Portugieser'	mittelfrüh	schwarzblau	frostempfindlich, daher mehr für warme Gegenden, braucht Frostschutz; keine großen Bodenansprüche, selbst für leichtere Böden geeignet; mittelgroße, tiefblaue Trauben; starkes Wachstum
'Früher blauer Burgunder'	früh	blau	für rauhere Lagen (Norddeutschland) empfehlenswert; gedeiht auch auf Sandboden; mittelgroße, feste Trauben
'Früher Malinger'	früh	weißgelb	altbekannte Sorte; auch für rauhere Gegenden; Trauben sehr süß; große Fruchtbarkeit; mittelstarkes Wachstum
'Müller-Thurgau'	mittelfrüh	weißgelb	stark wachsende und rankende Sorte, gut zum Bewachsen einer Hauswand; sehr süße, große Beeren
'Rote Gutedel'	mittelfrüh bis spät	hell- bis dunkelrot	auch für rauhere Lagen; ertragreich; große, süße Trauben; mitterstarkes Wachstum
'Weißer Gutedel'	mittelfrüh	hell	auch für rauhere Lagen, aber nur bei humosem, feuchtem Boden; große Beeren mit angenehmem Geschmack

Reife Weintraube

Naturnahe Pflege

Im Herbst wird der Weinstock (Vitis vinifera) mit gut vererdetem Kompost gedüngt, dem beim Aufsetzen Geflügelmist, Peru-Guano oder Horn- und Knochenmehl, Algenkalk sowie Stein- und Tonmehl beigemischt wurden. Darauf kommt Mulchkompost, denn in der kalten Jahreszeit braucht der Weinstock einen feuchten Boden.

Die Gründüngungseinsaat von Weißklee und Winterwicke fördert den Weinstock. Kreuzblütler dürfen nicht untergesät werden, da diese Pflanzen, sobald sie in Blüte stehen, einen Stoff absondern, der den Wurzeln des Weinstockes schadet. Nach den Spätfrösten im Mai wird die pflanzliche Bodenbedeckung vollständig entfernt und gegen den wärmenden und auf die Pflanze zurückstrahlenden Langzeitdünger Lavagranulat ausgetauscht.

Preicobakt-Anstrich und -Spritzung an frostfreien Tagen verhindert Frostschäden. Bei Austriebsbeginn im Frühjahr gibt man gegen Abend eine mit Schachtelhalmtee verrührte Hornmistpräparatspritzung.

Bei 20 cm Trieblänge spritzt man mit Schachtelhalm- oder Brennesselbrühe oder

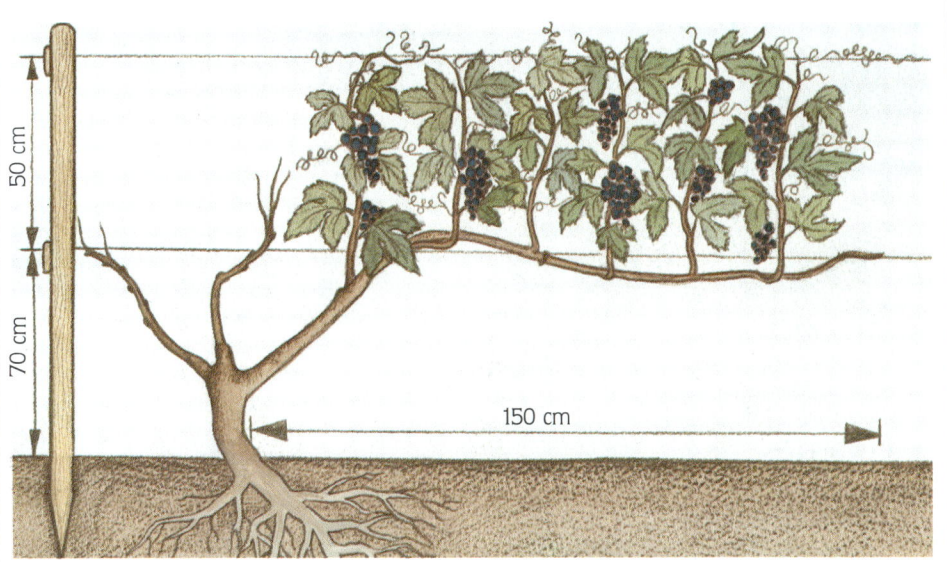

Weinpflanze am Drahtrahmen, Haupttrieb mit Fruchttrieben

Artanax S, bei 40 cm Trieblänge mit Hornkiesel am Morgen und bei 50 cm mit CP-Mineralpulver, was bei 60 cm Trieblänge wiederholt wird.

Bei Blütenbeginn und nochmals 14 Tage später wird Artanax S versprüht.

Sind die Weinbeeren 2 mm dick, sprüht man Hornkiesel mit Brennesseljauche, dann alle 14 Tage Artanax S.

Ende August und Mitte September werden gegen Abend zur besseren Ausreifung der Trauben Hornkieselspritzungen gegeben.

Gegen Fäulnis und Grauschimmel kann man bereits vor Blühbeginn mehrmals Luzian-Steinmehl auf Boden und Pflanze stäuben.

Nach der Frühjahrsdüngung muß der Weinstock einmal gründlich gegossen werden. Im Sommer tut dem Wein häufiges Gießen nicht gut. Bei Trockenheit spritzt man das Blattwerk einmal wöchentlich morgens mit Alginure-Schutzspray. Es vermindert die Verdunstung, fördert die Zellteilung, erhöht die Zuckerproduktion und Aromabildung und hilft gegen Trockenschäden.

Neben der ständigen Triebkürzung darf das Pinzieren der Geize nicht vergessen werden. Das alte Holz enthält viel Kali, Phosphor und Spurenelemente. Die Asche des Holzes kann als Dünger um den Weinstock gestreut werden. Das Laub enthält reichlich Phosphor, Stickstoff und Pottasche.

Schädlings- und Krankheitsabwehr

Mit den beschriebenen Dünge-, Spritz- und Gründüngungsmaßnahmen können die für Wein typischen Schäden eigentlich gar nicht auftreten. Es handelt sich um **Echten** und **Falschen Mehltau** sowie **Grauschimmel.**

Vermehrung

Durch Stecklinge lassen sich Weinstöcke leicht vermehren. Dazu wählt man nach dem Herbstschnitt oder spätestens Mitte Februar zweijährige Reben und schneidet sie je nach Augenanzahl (drei bis fünf) 30–50 cm lang am unteren Auge direkt

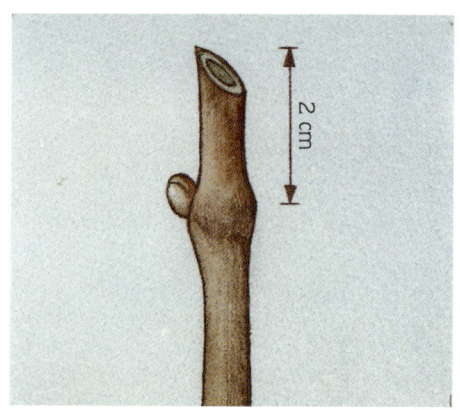

Beim Steckholz bleibt über dem oberen Auge ein Zapfen von 1–2 cm Länge stehen.

unterhalb eines Knotens. Über dem oberen Auge läßt man einen Zapfen von 1–2 cm stehen.

Diese Stecklinge werden in einem trocknen, aber kühlen und frostfreien Raum bis zur Hälfte ihrer Länge in Sand gesteckt, den man ständig etwas feucht halten muß.

Zwischen März und Mai werden sie in einen mit reifem Kompost vorbereiteten V-förmigen Graben gestellt. Das oberste Auge schließt mit dem Bodenniveau ab. Damit es gegen Austrocknung und Spätfröste ge-

Weinstecklinge im V-förmigen Graben

schützt ist, überdeckt man es locker mit feuchter Erde und Lavagranulat. Das Granulat hält warm und feucht.

Im Herbst oder im nächsten Frühjahr werden die bewurzelten Stecklinge ausgegraben und an ihren Standort gepflanzt.

Oft bilden sich schon im zweiten Sommer Blüten. Einige dürfen sich zu Trauben entwickeln. Die meisten schneidet man jedoch heraus, damit sich der Weinstock zunächst kräftig entwickelt. Im dritten Sommer trägt er dann um so mehr.

Heilkraft der Weinbeeren

Auch diese Beeren sind reich an Vitamin C und enthalten etwas weniger Vitamine der B-Gruppe; der Karotingehalt bei den roten und blauen Sorten liegt höher als bei den hellen.

Der Mineralstoffgehalt ist je nach Farbe der Beeren unterschiedlich. Der Saft der hellen Trauben ist abführend und hilft gegen Blutandrang im Kopf. Roter Traubensaft wirkt bei Magen- und Darmschwäche, Durchfall und Blutarmut.

Das wichtigste Winterobst ist das lange Zeit lagerfähige Kernobst.

Kernobst, Vitamine für den Winter

Während das bisher besprochene Beerenobst – mit Ausnahme der Kiwis, die aber nicht überall angepflanzt werden können – wegen seiner frühen Reife, seiner Saftfülle und seines erfrischenden Geschmacks sehr beliebt ist, aber ohne größeren Qualitätsverlust (Kühltruhe) nicht lange gelagert werden kann, ist Kernobst (Äpfel und Birnen), in den meisten Fällen ein Vitaminvorrat für den ganzen Winter, wenn es richtig gelagert wird. Wählt man die Sorten richtig aus, kann der letzte Apfel zusammen mit den ersten Josta- und Erdbeeren gegessen werden.

Man ist bei Kernobst aus dem eigenen Garten auch nicht auf das in den Ursprungsländern unreif gepflückte Obst angewiesen, das nicht nur vorzeitig geerntet wird, damit es den Transport ohne größere Verluste übersteht, sondern auch mehrmals nachbehandelt werden muß, zunächst, damit es nicht fault und von Schädlingen befallen wird, und kurz vor dem Verkauf, damit es ausreift. Es kann weder den Geschmack erreichen, den eine Frucht hat, die am Baum ausgereift ist, noch die Inhaltsstoffe, die ja dadurch entstehen, daß die Früchte am Baum die aufsteigenden Säfte mit den vielfältigen Substanzen aus dem Boden aufnehmen und die Sonne und andere kosmische Umkreiskräfte darauf einwirken.

Äpfel, wie sie hier zu sehen sind, Birnen und Quitten gehören zum Kernobst.

Fruchtentwicklung am Fruchtholz beim Apfelbaum

Äpfel
(Familie: Rosaceae)

Es gibt eine große Zahl von Apfelsorten, zu denen immer wieder neue dazukommen. In der Tabelle (S. 104) werden bekannte Sorten aufgeführt, darunter auch neuere. Wenn dabei auf Anfälligkeiten für bestimmte Krankheiten oder auf Schädlingsbefall hingewiesen wird, so handelt es sich dabei um Angaben aus dem herkömmlichen Anbau, der für den naturgemäßen nur bedingt zutrifft. Im biologischen Obstanbau sind solche Schäden häufig auf Anbau- oder Pflegefehler zurückzuführen. Die angegebene Befalls- und Krankheitshäufung bei bestimmten Sorten läßt jedoch für den Biogärtner Rückschlüsse darauf zu, welche vorbeugenden Maßnahmen er einsetzen muß. Damit erübrigt sich meist jeder weitere Pflanzenschutz.

Birnen
(Familie: Rosaceae)

Wenn Birnengehölze auch zum Kernobst und zur gleichen Pflanzenfamilie gehören wie Apfelbäume, so gibt es doch beträchtliche Unterschiede zwischen beiden.

Birnen sind Tiefwurzler und darum nicht unbedingt auf Oberbodenfeuchtigkeit angewiesen. Trotzdem bekommen auch sie Bodenbedeckung, denn die bodenbelebenden und -verbessernden Mikro-Organismen können ohne Feuchtigkeit und ständige Verfügbarkeit von organischem Material nicht wirken.

Während Apfelbäume mehr die breit ausladende Form eines Apfels haben, wenn sie nicht in eine bestimmte Form gebracht werden, wirken Birnbaumkronen eher langgestreckt wie ihre Frucht. Damit die Ernte auf hohen Birnbäumen nicht zu

Fruchtentwicklung am Fruchtholz beim Birnbaum

beschwerlich wird, bemühen sich die Baumschulen, auf Quittenunterlagen schwachwachsende Bäume zu ziehen. Die Quittenunterlage, Cydonia A, hat außerdem den Vorteil, den Edelsorten zu früheren und höheren Erträgen zu verhelfen und die Früchte aromatischer zu machen.

Der Nachteil der Quittenunterlage ist ihre Anfälligkeit für Wurzelfrost bei Kahlfrösten. Auch aus diesem Grund ist eine schützende Mulchschicht auf der Birnbaumscheibe sehr wichtig.

Außerdem sind nicht alle Edelsorten quittenverträglich. Hier wird mit verträglichen Sorten wie zum Beispiel 'Gellerts Butterbirne' zwischenveredelt.

Während es unter den Apfelbäumen als frühe Sorte nur den 'Klarapfel' gibt, können viele Birnen im Sommer geerntet werden. Sie sind allerdings genauso wenig lagerfähig wie dieser.

Es stehen bei den Birnen aber auch Herbstsorten zur Verfügung und außerdem späte und sogar sehr gut lagerfähige Sorten, die erst um die Weihnachtszeit herum genußreif werden. Bei guter Lagerung schmecken sie noch im März und April vorzüglich und stellen eine gute Abwechslung zu den lange haltbaren Äpfeln dar.

Während man bei Äpfeln schon im zweiten oder dritten Standjahr Erträge und einige Jahre später Vollerträge erwarten darf, liegt der Ertragsbeginn bei Birnen auf Quittenunterlage nicht vor dem vierten Standjahr, auf Sämlingsunterlage erst ab dem sechsten Jahr. Ab Vollertragsstadium bringen Birnengehölze meist ohne Alternanz (Wechsel zwischen einem Jahr mit gutem und einem Jahr mit geringem Ertrag) hohe, gleichmäßige Erträge von guter Qualität. Birnengehölze eignen sich übrigens sehr für geschützte Standorte an Mauern.

Quitten

Quitten
(Familie: Rosaceae)

Die sonneliebenden Buschbäume (manchmal auch Halbstämme) bevorzugen einen durchlässigen Boden, sind aber sonst recht anspruchslos. Es gibt bei Quitten auch Hochstämme. Besonders schön sehen diese während der Blütezeit aus, aber sie sind bei uns selten, weil der Ertrag spät einsetzt.

Im Mai/Juni tragen die Büsche große weiße Blüten und im Herbst weit leuchtende gelbe Früchte, die erst kurz vor dem ersten Frost geerntet werden sollten. Meist werden bei uns die Früchte nicht wirklich reif, aber für Gelees sind sie immer gut.

Man unterscheidet zwischen rundlichen Apfel- und länglicheren Birnenquitten. Die Früchte sind pelzig, ergeben aber gekocht vorzügliche Marmeladen und Gelees.

Birnenquitten sind weicher und haben weniger Steinzellen um das Kerngehäuse herum als Apfelquitten.

Quitten dürfen nicht mit anderen Obstarten zusammen gelagert werden, da sie deren Geschmack beeinflussen. Dagegen verbreitet eine Quitte über Winter im Wohnraum einen erquickenden Wohlgeruch.

Da Quitten spät blühen, ist Blütenfrost auszuschließen. Das Holz mancher Sorten ist allerdings in sehr kalten Wintern frostgefährdet.

Nach dem anfänglichen Erziehungsschnitt werden Quittengehölze in späteren Jahren nur noch ausgelichtet. Sie tragen an den Zweigenden, also am jungen Holz.

Quittengehölze haben allgemein hohe Erträge. Unter ihnen gibt es Sorten, die sich im Anbau gut bewährt haben.

Ernte und Lagerung von Kernobst

Die richtige Ernte verlängert die Haltbarkeit von Kernobst. Die empfohlenen Spritzungen mit Hornkiesel oder CP-Mineralpulver vor der Ernte beeinflussen Aroma, Gesundheit und Lagerzeit günstig.

Äpfel und Quitten sollen reif geerntet werden. Das verbessert nicht nur den Geschmack und vermehrt die Inhaltsstoffe, sondern bewirkt auch eine längere Lagerfähigkeit.

Der Vormittag und trockenes Wetter sind für die Ernte der drei Kernobstarten jeder anderen Zeit vorzuziehen. Wenn man auch noch an Fruchttagen bei aufsteigendem Mond (nach dem Aussaatkalender von Maria Thun) ernten kann, die Früchte einzeln mit dem Stiel vom Zweig abdreht, mit dem Stiel nach oben in eine Obststeige stellt, ohne daß sich die Früchte berühren, und das gepflückte Obst nicht der direkten Sonne aussetzt, hat man während der Ernte alles für die Haltbarkeit getan.

Wer einen Balkon oder Garten hat, braucht für Äpfel und Quitten nicht einmal einen Lagerraum. Es genügt, wenn er die Obststeigen im Schatten an einer schützenden Hauswand übereinander stellt und bei leichtem Frost mit einer Wolldecke zuhängt. Vor Regen müssen die Steigen geschützt werden. Ab −5°C stellt man die Steigen mit dem Obst in den Keller oder auf den Speicher (Boden). Wird es wärmer, werden sie wieder ins Freie gebracht. Die Früchte bleiben glatt, saftig und so frisch, als wären sie gerade geerntet. Die Lagerung in einem im Winter nicht beheizten Gewächshaus ist genauso vorteilhaft. Dort muß an sonnigen Wintertagen gelüftet werden.

Birnen brauchen hingegen eine Lagertemperatur von 7–10°C und müssen in einem dunklen Raum aufbewahrt werden. Den für die Lagerung so vorteilhaften fest gestampften Lehmboden gibt es heute leider nicht mehr im Keller – er sorgte dort für die richtige Luftfeuchtigkeit.

Auf den Betonfußböden der modernen Keller lassen sich zur Verbesserung der Luftfeuchtigkeit Schalen mit Wasser aufstellen. Ein frostsicherer Speicher ist wegen der geringeren Abdichtung oft als Lagerraum günstiger.

Kartoffeln, Kohl und Sauerkraut dürfen nicht im selben Raum mit Obst aufbewahrt werden. Dagegen sind in der Nähe aufgehängte Zwiebeln vorteilhaft. Ihre Ausdünstungen verhindern Pilzbefall. Fein verteiltes Versprühen von Schachtelhalmtee oder Zwiebelschalenaufguß mindert Fäulnis und Schimmel. Das Aussprühen von Alginure-Schutzspray auf die Früchte sorgt für längere Haltbarkeit. Der hauchdünne Alginurefilm setzt die Verdunstung herab.

'Golden Delicious', eine der beliebtesten Apfelsorten

Kernobstsorten

Bei der Sortenwahl muß man verschiedene Aspekte bedenken. Ganz wichtig ist es, daß die gepflanzten Apfel- beziehungsweise Birnensorten sich untereinander befruchten können. Außerdem sollten sie resistent gegen viele Krankheiten sein. Und natürlich will man so früh und so lange wie möglich Früchte ernten und genießen. In den folgenden Tabellen findet man die wichtigsten Informationen.

Apfelsorten

a = anfällig, 1–12 = Monate, A = Anfang, M = Mitte, E = Ende

Sorte	Pflück-reife	Genuß-reife	Befruchter-sorten	Blatt-läuse	Blut-läuse	Blüten-frost	Holz-frost	Mehl-tau	Moni-lia	Schorf	Stippe	Bemerkungen
1 'Alkmene'	A9	M9–E12	5, 9, 13, 20, 23			a					etwas a	hoher Ertrag; Geschmack ähnlich 'Cox Orange'
2 'Bohnapfel'	E10–A11	3–6	5, 9, 21							etwas a		Anbau auch in rauhen Lagen; nicht druckempfindlich
3 'Boskoop'	A–M10	1–4	5, 6, 8, 9, 13, 15, 17, 20	a	a	etwas a				a	a	Früchte grünlichgelb; 'Roter B.' dunkelrot; Geschmack säuerlich; aromatischer Belag für Kuchen
4 'Champagner'	E10	2–3	6, 9, 15, 17, 20	a								Früchte klein bis mittelgroß; weinsäuerlich
5 'Cox Orange'	A–M9	11–3	6, 8, 9, 11, 13, 15, 17, 20	a	a		a	a		a	a	Früchte goldgelb rötlich marmoriert; empfindlich gegen schwefelhaltige Spritzmittel
6 'Glockenapfel'	E10	2–5	4, 5, 8, 9, 13, 15, 17									mittelgroße bis große säuerliche Früchte
7 'Gloster'	E10	11–2	5, 8									rotbäckige, große Früchte, sehr saftig; frosthart
8 'Golden Delicious'	M–E10	12–4	5, 6, 9, 11, 13, 15, 17, 20				etwas a	sehr a				mittelgroße, gelbe Früchte; empfindlich gegen Schwefelspritzungen
9 'Goldparmäne'	M9–A10	10–2	4, 5, 6, 8, 11, 13, 15, 17	a	a	etwas a		a	a			mittelgroßer, goldgelber Apfel, orangerot geflammt
10 'Gravensteiner'	E8	9–11	5, 8, 9, 13, 15, 19, 20			a	a			a	a	mittelgroße bis große Früchte, gelb mit rot-orange

Sorte	Pflück-reife	Genuß-reife	Befruchter-sorten	Blatt-läuse	Blut-läuse	Blüten-frost	Holz-frost	Mehl-tau	Moni-lia	Schorf	Stippe	Bemerkungen
11 'Idared'	E10	2–5	6, 8, 9, 15, 17					a		etwas a		für wärmere, offene Lagen
12 'Ingrid Marie'	M10	11–3	5, 6, 8, 9, 13, 15								a	als Spindelbaum für kleine Gärten sehr geeignet
13 'James Grieve'	M9	A10–E11	5, 6, 8, 9, 15, 17, 20	a	a				a		a	mittelgroße bis große grüngelbe Früchte, würziger Geschmack
14 'Jonagold'	A–M10	11–3	5, 6, 7, 13, 15	a					a	a	a	kräftig orangerote Frucht, harmonisch süß-säuerlich; wenig druckempfindlich
15 'Jonathan'	E9–M10	11–4	4, 5, 8, 9						a	a	etwas a	mittelgroße, süß-säuerliche Frucht; gegen Frühfröste empfindlich
16 'Kaiser Wilhelm'	A–M10	2–3	4, 5, 9, 17								a	anspruchslose, gesunde Sorte mit großen, roten Früchten, süß-säuerlich
17 'Klarapfel'	E7	E7–M8	4, 5, 8, 9, 13, 15, 20	a		a						früheste Sorte; nicht lange lagerfähig
18 'McIntosh'	M9	M9–E12	5, 6, 8, 9, 13, 15, 17							a	etwas a	mittelgroße bis große dunkelbläulichrote Früchte, saftig, harte Schale
19 'Melrose'	10	12–5	5, 13, 20						a			für warme Lagen
20 'Oldenburger'	M–E9	9–11	5, 8, 9, 13, 17				etwas a		a		etwas a	mittelgroße, hell- bis goldgelbe Früchte, mild säuerlich
21 'Ontario'	E10–A11	2–6	4, 5, 6, 9, 15, 17, 20				etwas a	a			etwas a	große, hellgelbe Früchte, erfrischend zart säuerlich
22 'Signe Tillisch'	M9	A10–E11	5, 13, 17, 18						a	a	a	große, saftige, würzige Früchte
23 'Starking'	A–M10	11–4	5, 8, 15, 18			a					etwas a	großer, süßer, roter Apfel, melonenartig parfümiert

Birnensorten

a = anfällig, 1–12 = Monate, A = Anfang, M = Mitte, E = Ende

Sorte	Pflück-reife	Genuß-reife	Befruchter-sorten	Schorf	Blüten-frost	Holz-frost	Bemerkungen
1 'Alexander Lucas'	E9–A10	10–12	2, 3, 4, 7, 8, 10, 12, 14, 15, 16, 17		a		große, grüngelbe Frucht, süß und saftig; für wärmere Lagen und warme Böden
2 'Bunte Julibirne'	E7–A8	E7+8	3, 4, 7, 8, 12, 17				kleine bis mittelgroße Frucht, grüngelb, saftig und wohlschmeckend
3 'Clapps Liebling'	A–E8	A8–A9	2, 4, 7, 8, 10, 12, 17				mittelgroße bis große Frucht, gelblichgrün, rötlich, süß und saftig
4 'Conférence'	M9–A10	10+11	2, 3, 7, 8, 10, 12, 15, 16, 17	a			mittelgroße bis große Frucht, dünnschalig, saftig und mild würzig
5 'Edel-crassane'	E10–A11	1–3	6, 10, 16, 17		a	a	mittelgroße bis sehr große Frucht, rauhe Schale, butterweich und saftig
6 'Esperens Bergamotte'	M–E10	1–4	3, 5, 13, 17	a		a	mittelgroße, flach kuglige Frucht, grün, Schale rauh und dick; bei warmem Standort aromatisch
7 'Frühe von Trévoux'	A8–A9	A8–A9	2, 3, 4, 8, 10, 12, 15, 16				kleine bis mittelgroße Frucht, gelbgrün bis rötlich, saftig und süß-säuerlich
8 'Gellerts Butterbirne'	M9–A10	9+10	3, 6, 10, 12, 13, 14, 16, 17	a			große zimtbraune, gelblich schimmernde Frucht, sehr saftig und würzig
9 'Gräfin von Paris'	E10–A11	12–2	2, 3, 8, 12, 13, 14, 17				mittelgroße bis große Frucht, grüngelb, saftig, süß, schwach würzig
10 'Gute Luise'	A9–A10	E9–E10	2, 3, 4, 6, 7, 16	a	a	a	mittelgroße Frucht, grünlichgelb, sehr saftig und hoch aromatisch
11 'Herzogin Elsa'	M9–A10	9+10	4, 7, 12, 17				mittelgroße bis große Frucht, grüngelb, bräunlich überzogen, reif gelborange, süß, fein säuerliches, kräftiges Aroma
12 'Köstliche von Charneu'	M9–A10	10–E11	2, 3, 7, 8, 10, 14, 15, 16, 17			a	längliche, grüngelbliche Frucht, saftig, würzig
13 'Madame Verté'	M–E10	E11–M1	6, 8, 9, 12, 15, 16, 17		a		kleine bis mittelgroße, graugrüne Frucht, süß, fein weinsäuerlich und aromatisch
14 'Neue Poiteau'	E9–M10	10+11	3, 8, 10, 17	a			mittelgroße bis sehr große Frucht, schmutzig grüngelb, sehr saftig, zart säuerlich, süß bis fad, je nach Standort

Sorte	Pflück-reife	Genuß-reife	Befruchter-sorten	Schorf	Blüten-frost	Holz-frost	Bemerkungen
15 'Tongern'	E9–A10	10+11	13, 16, 17	a			große Frucht, braunrot, saftig, aromatisch
16 'Vereins-Dechants-birne'	M10–A11	11	2, 3, 5, 7, 8, 14, 17				große Frucht, gelb, sonnenwärts rötlich, sehr saftig und süß
17 'Williams Christ'	E8–M9	9	2, 3, 5, 9, 11, 13, 16	a		a	mittelgroße bis große Frucht, gelbgrün, vollreif gelb, sonnen-wärts leicht orange, sehr saftig und süß

Quittensorten

Sorte	Pflückreife	Verwertungsreife	Bemerkungen
'Champion'	10	10–12	birnenförmig; zitronengelb
'Konstantinopel'	10+11	11	apfelförmig; hellgelb
'Lescovac'	10+11	10–12	apfelförmig; gelb mit grünlichen Streifen
'Meech's Prolific'	11	11+12	birnenförmig; goldgelb

Schädlings- und Krankheitsabwehr bei Kernobst

Wie beim Beerenobst gibt es eine Reihe vorbeugender Maßnahmen, deren Durchführung gesundes Kernobst gewährleisten.

Voraussetzung für alle weiteren Maßnahmen ist der gepflegte Boden. Kompost, Gründüngung, Mulch und Vogelschutz führen beim Apfel- wie Birnbaum zum Erfolg. Dazu kommen Hornmist- und Hornkieselpräparatspritzungen und Behandlungen mit Kräutern und Preicobakt. Diese Anwendungen richten sich nach den Entwicklungsstadien der Früchte.

Die Anwendung des Spritz- und Pflegeplans für Apfelbäume ist auch für die Gesundheit der Birnengehölze von Vorteil. Dem bei Birnen vorkommenden Schorf wird durch die in der Tabelle angegebenen Maßnahmen vorgebeugt.

Der **Birnengitterrost** braucht im Winter als Zwischenwirt einige Wacholderarten. Unter diesen ist aber nicht der Gemeine Wacholder (Juniperus communis). Die an den Zweigen des Wacholders durch einen Pilz verursachten keulenförmigen Verdickungen, an denen sich im April hellbraune Zäpfchen bilden, die bei feuchter Witterung aufquellen, gallertartig werden, schließlich eintrocknen und vom Wind fortgetragen werden, schneidet man bis 10 cm unterhalb der Verdickung weg.

Gelangen die Pilzsporen auf feuchte Birnenblätter, wachsen sie in das Gewebe, zerstören es aber nicht. Allerdings kommt es bei den Blättern zu verminderter Assimilation. Das schadet dem ganzen Baum.

Die vorbeugenden Spritzungen mit Hornkiesel-, Schachtelhalm- und CP-Mineralpulver-Aufbereitungen helfen meist. Bei Gefahr – die Pilzsporen fliegen im Juni – läßt sich CP-Mineralpulver oder auch Ecomin morgens und nach dem Regen auf die Ober- und Unterseite der tau- oder regennassen Blätter stäuben.

Spritzungen mit Artanax S (S = Netzschwefel) oder Ledax-san mit einem Zusatz von 10 g Algenkalk sind im April für Wacholder, im Juni für die jungen Birnenblätter empfehlenswert.

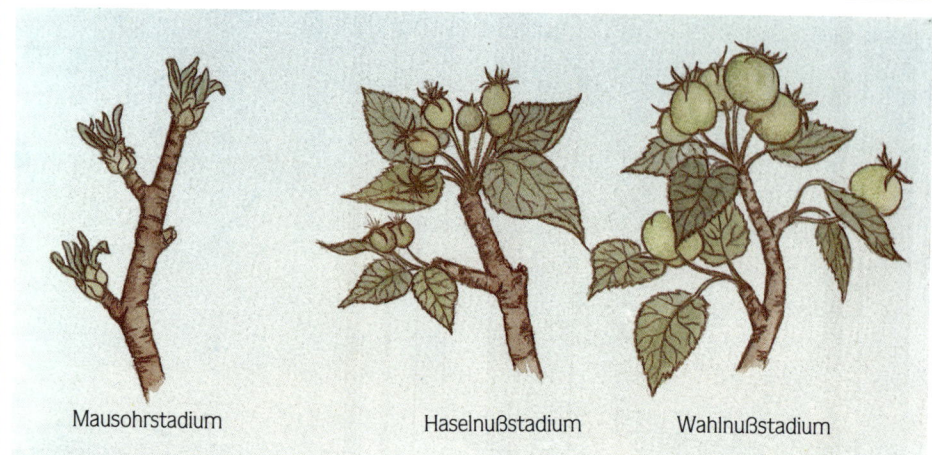

Mausohrstadium   Haselnußstadium   Wahlnußstadium

Stadien der Apfelentwicklung, maßgebend für vorbeugende und pflegende Spritzungen

Ballonstadium

Apfelblüte

Pflegeplan für Apfelbäume

(jeweils für 10 l Wasser)

1. Winterspritzung zwischen Winterruhe und Knospenschwellung ab Februar	Preicobakt-Anstrich (2 kg) und -Spritzung (½ kg)	gegen Spinnmilben und andere Schädlinge
	CP-Mineralpulver (vorbeugend 20–50 g, bei Befall 200 g) und Baldrianblütenextrakt (50 Tropfen)	zur Irritation der auf Obstbäumen überwinternden Schädlinge und gegen Frostschäden an Knospen

2. Bodenpflege bei Wachstumsbeginn des Grases	Hornmist (60 g) mit Schachtelhalm (150 g getrocknete Droge)	zur Aktivierung des Bodenlebens und Wurzelwachstums (gegen Abend und möglichst an einem Wurzeltag ausbringen)
3. Vollblütenspritzung zwischen Mausohr- und Ballonstadium (bei Befall nach 7–14 Tagen wiederholen)	CP-Mineralpulver (vorbeugend 20–50 g, bei Befall 200 g) und Baldrianblütenextrakt (50 Tropfen), bei starkem Befall Pyrethrum	gegen Schorfsporen, Fruchtschalenwickler-Raupen und schlüpfende Rote Spinnen
4. Ballonstadiumspritzung	Hornkieselspritzung (1 g)	für die Licht- und Wärmeeinwirkung und zur Zellstärkung (morgens und möglichst an einem Blütentag spritzen)
5. Blütenspritzung	Baldrianblütenextrakt (50 Tropfen)	bei unmittelbarer Frostgefahr (zwischen 16 und 18 Uhr mit feinster Düse und nicht tropfnaß sprühen)
6. Nachblütenspritzungen nach Abfall der meisten Blütenblätter alle 14 Tage wiederholen	CP-Mineralpulver (Menge siehe oben) mit 1 l Brennesseljauche oder 1 gestr. TL Algifert oder 1 l Eichenlaubjauche	zur Wachstumsförderung, Blattpflege und Erhöhung der Widerstandskraft, gegen Schorf und Blattläuse
7. Hornkieselspritzung zwischen Haselnuß und Walnußgröße der Früchte	Hornkiesel (1 g) und 1 l Brennesseljauche oder 1 TL Algifert	zur Wachstumsförderung und Zellstärkung der Früchte
8. Obstmadenspritzung ab Ende Mai bis August alle 14 Tage wiederholen; schlüpfende Obstmaden können dann nicht in die Äpfel eindringen	CP-Mineralpulver (50 g) und Algifert (1 gestr. TL)	ab Ende Mai bis August (meist 1. Julihälfte) fliegt der Falter des Apfelwicklers, seine Eiablage auf den Apfelbäumen wird durch Ausschaltung des Apfelbaumduftes verhindert; auch gegen Schorf und Rote Spinne
9. Hornmistspritzung in der Mitte der Vegetationszeit (Juli)	Hornmist (60 g)	zur Förderung der Bodenaktivität
10. Hornkieselspritzung während der Fruchtreife bis 4 Wochen vor der Ernte	Hornkiesel (1 g) oder CP-Mineralpulver (20–50 g)	Früchte reifen besser aus, haben einen höheren Fruchtzuckergehalt und halten sich länger (gegen Abend, möglichst an einem Fruchttag sprühen)
11. Hornkiesel-Spritzungen am 1. Tag nach der Ernte morgens, am 4. abends und am 7. Tag noch einmal abends	Hornkiesel (1 g)	zur Durchlichtung, Durchwärmung und zur Schädlingsabwehr, speziell gegen Pilzbefall
12. Düngung und Hornmistspritzung Sobald wie möglich nach den Hornkieselspritzungen zuerst düngen und anschließend mit Hornmist spritzen, danach oberflächig hacken und mulchen	reifer Mistkompost, dem beim Aufsetzen zugegeben wurde: 3 kg/m³ Steinmehl, 3 kg/m³ Tonmehl, 3 kg/m³ Algenkalk, 3 kg/m³ Meeresalgen, 5 kg/m³ Rindermist oder 10 kg/m³ Ecovital; Hornmist (60 g)	zur Förderung des Bodenlebens

Köstliches Steinobst

Während beim Kernobst mehrere Samen vom Fruchtfleisch umhüllt werden, hat Steinobst einen steinharten Kern, der den Samen einschließt.

Das Fruchtfleisch ist weicher, und die im ganzen empfindlicheren, dünnhäutigeren Früchte sind nur einige Tage lagerfähig. Dafür sind sie saftreicher und erquicken im Sommer.

Kirschen
(Familie: Rosaceae)

Man unterscheidet zwischen Süß- und Sauerkirschen. Außer durch Geschmack unterscheiden sich beide Arten dadurch, daß Süßkirschen anspruchsvoller sind, größere Bäume hervorbringen und selbstunfruchtbar sind.

Sauerkirschen haben nicht so hohe Bodenansprüche, sind nicht so kräftig und beanspruchen weniger Platz. Sie sind selbstfruchtbar und können deshalb einzeln gepflanzt werden.

Süßkirschen lassen sich halbwegs platzsparend als Palmette oder noch besser mit der BTB-Methode heranziehen. Sie sind meist im Juli pflückreif, wetteifern also mit dem Beerenobst und sind auch genauso saftig wie dieses.

In den Sortentabellen ist die Reifezeit in Kirschenwochen angegeben; die Reifetermine für Süßkirschen umfassen etwa sieben Wochen (1. bis 7. Kirschenwoche).

Blühende Kirschzweige mit einjährigen Langtrieben an den Triebspitzen

Fruchtentwicklung am Fruchtholz bei Kirschbäumen

Aprikosen

(Familie: Rosaceae)

Aprikosengehölze sind zwar frostwider-standsfähiger, als allgemein angenommen wird, jedoch erfriert die Blüte in unseren Breiten oft, da sie sehr früh eintritt (März/Anfang April), obwohl sie durchaus etwas Frost verträgt. Das Holz übersteht unsere Winter gut, aber wenn der Saftstrom bereits im Februar durch warme Witterung angeregt wird und dann nochmals Frost folgt, ist Schaden zu erwarten.

Aprikosengehölze sind deshalb nur für Weinbaugebiete und warme, geschützte Stellen am Haus geeignet. Preicobakt-Kronenspritzungen und -Anstrich sind im Winter, wenn kein Frost herrscht, zu wiederholen, falls die Preicobakt-Schicht nicht mehr deckt. Auch Baldrianblütenextrakt-Spritzungen schützen vor Frostschäden.

Bei starkem Frost kann man das Abdeckvlies Agryl P 17 über die Bäume hängen.

Wegen der frühen Blüte ist mit Insektenbestäubung kaum zu rechnen. Will man einen guten Ertrag erzielen, müssen die Blüten alle zwei bis drei Tage mit einem weichen Haarpinsel betupft werden.

Die Früchte sollten auf 5 cm Abstand ausgedünnt werden. Man wartet damit jedoch so lange, bis die Steine vollständig ausgebildet sind, da kurz vorher oft ein natürlicher Fruchtfall eintritt.

Aprikosen werden erst gepflückt, wenn sie ausgereift sind und sich kräftig gelborange verfärbt haben. Sie sollten bald gegessen oder gedörrt werden.

Aprikosenbäume haben sehr flach verlaufende Wurzeln, deshalb sollte die Bodenlokkerung den Bodenorganismen überlassen werden, die durch ständige Bodenbedeckung unterstützt werden. Die Bodenansprüche dieser Obstart sind gering.

Pfirsiche
(Familie: Rosaceae)

Der Pfirsich wird zwar botanisch Prunus persica genannt, aber er kommt wahrscheinlich aus dem fernen China, wo er schon seit 4 000 Jahren angebaut wird. Die Römer kannten ihn bereits und brachten ihn wie den Wein zu uns. Er hat sich allerdings sehr viel langsamer verbreitet als die meisten anderen Obstarten, was vermutlich mit seiner Frostempfindlichkeit zusammenhängt.

In strengen Wintern erfrieren ganze Bäume, aber auch die Blüte ist jedes Jahr gefährdet, da viele Pfirsichbäume bereits im März blühen. Sie werden deshalb hauptsächlich in Weinbaugebieten angebaut oder im Hausgarten an einer Südwand.

Die Nektarine ist eine glattschalige, noch empfindlichere Abart des Pfirsichs. Sie braucht noch wärmere Standorte als dieser und kann in unseren Breiten nur als Spalierbaum an einer Südwand in Weinbaugebieten gezogen werden.

Pfirsichgehölze werden hauptsächlich als Buschbäume oder an der Hauswand als Fächerspalier gepflanzt. Sie brauchen einen durchlässigen, humosen, kalkhaltigen und warmen Boden. Die Wasserhaltekraft des Bodens mit Tonmehl und Alginure-Granulat zu verstärken und zu mulchen ist wegen des hohen Wasserbedarfs sowohl von Pfirsichen als auch von Nektarinen besonders wichtig.

Pfirsiche sind selbstfruchtbar und tragen am einjährigen Holz. Die Bäume wachsen rasch und bringen bald Ertrag, sind aber recht kurzlebig, was wohl hauptsächlich mit Frostschäden zusammenhängt.

Beim Pfirsichbaum gibt es wahre und falsche Fruchttriebe. Bei den wahren Fruchttrieben sitzen Blüten- und Laubknospen zusammen. Diese Triebe sind am fruchtbarsten und werden jedes Jahr um ein Drittel oder bis zur Hälfte eingekürzt. Falsche Fruchttriebe sind dagegen nur mit einzelnen Blütenknospen besetzt. Sie tragen nicht und werden ganz weggeschnitten. Die Triebe, die nur Blattknospen entwickeln, werden auf drei bis fünf Augen zurückgeschnitten. Man nimmt diesen Schnitt am besten während der Blütezeit vor.

Pflaumen, Zwetschen, Mirabellen und Renekloden
(Familie: Rosaceae)

Für Haus- und Schrebergärten – und auch für Obstwiesen – sind Pflaumen, zu denen auch Zwetschen (Zwetschgen), Mirabellen und Renekloden gehören, besonders gut geeignet, da die Gehölze unempfindlich sind. Sie brauchen nicht sonderlich viel Pflege und bringen trotzdem noch gute Ernte.

Diese Obstsorten können auf jedem Boden angebaut werden. Nur Staunässe vertragen auch sie nicht. Am besten gedeihen sie auf kalkhaltigem, humosem, durchlässigem Lehm.

Die gebräuchlichste Baumform ist für Pflaumen der Halbstamm. Die Erziehung

Pfirsiche

gleicht der von Apfel- und Birnengehölzen. Unter Pflaumenbäumen gibt es selbstfruchtbare, schwach selbstfruchtbare und selbstunfruchtbare. Es müssen deshalb verschiedene Sorten gepflanzt werden. Dabei hat man viele Möglichkeiten zur Auswahl, weil sich alle vier Obstarten untereinander befruchten können.

Steinobstsorten

Die Süßkirsche und einige Pflaumen-, Zwetschen- und Reneklodensorten sind selbstunfruchtbar und benötigen daher Befruchtersorten. Sauerkirschen, Aprikosen und Pfirsiche sind immer selbstfruchtbar.

Süßkirschensorten

Sorte	Befruchter- sorten	Reifezeit in Kirschenwoche	Fruchtfarbe	Bemerkungen
1 'Büttners Rote'	4, 5, 6	4+5	gelbrot	große Früchte, süß-säuerlich, würzig, fest, mäßig saftig; Saft farblos; gering lagerfähig
2 'Große Prinzessin'	4, 5, 6	4	gelbrot	große Früchte, süß und würzig; einige Tage sehr gut lagerfähig
3 'Große Schwarze Knorpel'	4, 5, 6	5+6	schwarz- braun	mittelgroße bis große Früchte, süß-säuerlich, würzig, fest, mäßig saftig; gut lagerfähig
4 'Hedelfinger'	1, 2, 3, 4, 6	4+5	dunkelbraun	große Früchte, erfrischend süß-säuerlich und würzig; Saft dunkelrot; gut lagerfähig
5 'Kassins Frühe'	1, 3, 4, 6	2	schwarz- braun	mittelgroße bis große Früchte; schmackhafteste Frühkirsche; Saft dunkelrot; gut lagerfähig
6 'Schneiders Späte'	1, 2, 4, 5	5+6	dunkel- braun	große Früchte, süß, schwach säuerlich und würzig; Saft hellbraunrötlich; sehr gut lagerfähig

Sauerkirschensorten (selbstfruchtbar)

Sorte	Reifezeit in Kirschenwoche	Fruchtfarbe	Bemerkungen
'Heinemanns Rubin'	4+5	dunkel	mittelgroße bis große Frucht, sehr saftig; Saft purpurrot, aromatisch säuerlich; gute Lagerfähigkeit
'Köröser Weichsel'	5	dunkel	mittelgroße bis große Frucht, mäßig saftig, süß-säuerlich; gute Lagerfähigkeit
'Morellenfeuer'	5+6	dunkel	mittelgroße Frucht, sehr saftig, aromatisch süß-säuerlich; gute Lagerfähigkeit
'Schattenmorelle'	6+7	dunkel	kleine bis sehr große Früchte, sehr saftig aromatisch sauer, auf gutem Standort süß-sauer; verträgt zwar schattigen Standort, voller Ertrag und Geschmack jedoch nur in sonniger Lage; gute Lagerfähigkeit

Aprikosensorten (selbstfruchtbar)

1–12 = Monate, A = Anfang, M = Mitte, E = Ende

Sorte	Reifezeit	Bemerkungen
'Aprikose von Nancy'	E7–A8	mittelgroße bis große Früchte, hellorangegelb, süß aromatisch
'Große Wahre Frühaprikose'	M–E7	große Früchte, gelb mit rot
'Heidesheimer Frühe'	A–M7	mittelgroße Früchte
'Späte Delmast'	M–E8	große Früchte, gelborange, würzig, intensives Aprikosenaroma
'Ungarische Beste'	A–M8	mittelgroße bis große Früchte, sattgelb bis orange, süß-säuerlich; ziemlich widerstandsfähig gegen Holz- und Blütenfrost

Pfirsichsorten (selbstfruchtbar)

1–12 = Monate, A = Anfang, M = Mitte, E = Ende

Sorte	Pflück- und Genußreife	Farbe	Bemerkungen
'Amsden'	M–E7	orangerot	große, saftreiche Frucht, aromatisch; 3–4 m hohe Buschbäume; durch Monilia gefährdet
'Anneliese Rudolph'	M8	grünlichgelb bis dunkelrot	sehr große Frucht, weißlichgelbes Fleisch, saftig, würzig; robustes Gehölz
'Cumberland'	M8	grünlichgelb	sehr große Frucht, weißliches Fleisch, robustes Gehölz, auch für nicht ganz so warme Lagen
'Früher roter Ingelheimer'	M–E7	grünlichhellgelb bis orange	große Frucht, schwaches Aroma; reich tragend
'Madame Rogniat'	E8	grünlichgelb	große Frucht, weißes Fleisch, saftig; ertragreich; robustes Gehölz
'Mayflower'	6+7	hellgrünlichgelb bis leuchtend-karminrot	oft kleinfrüchtig, sonst mittelgroß; in warmen Lagen feines Aroma
'Rekord aus Alfter'	M–E8	grünlichgelb bis rot	große Frucht, starker Behang (auf 10–20 cm ausdünnen), süß-säuerlich und würzig
'Roter Ellerstädter'	M9	weißlichgelb bis orangerot	mittelgroße Frucht, weißes Fleisch, saftreich, aromatisch; robustes Gehölz, auch noch für weniger warme Lagen
'South Haven'	E8	gelb bis orangerot	große bis sehr große Frucht, gelbes Fleisch, saftig und aromatisch; anfällig für Kräuselkrankheit
'Nectared' (Nektarine)	7	gelb bis purpurrot	große Frucht, goldgelbes Fleisch, kräftiges Aroma; 2,5 m hohe Buschbäume

Pflaumen-, Zwetschen-, Mirabellen- und Reneklodensorten

1–12 = Monate, A = Anfang, M = Mitte, E = Ende

Sorte	Obstart	Befruchtersorten	Reifezeit	Bemerkungen
1 'Althann'	Reneklode	5, 9, 10, 12	E8–M9	große bis sehr große Früchte, violettorange, goldgelbes Fleisch, saftig, süß; erhitzt sauer
2 'Bühler'	Frühzwetsche	selbstfruchtbar	M–E8	mittelgroße Früchte, dunkelblau, goldgelbes Fleisch, sehr saftreich, süßsäuerlich; erhitzt süß; weltbekannt
3 'Czar'	Halbzwetsche	selbstfruchtbar	A–M8	große Früchte, blaurötlich, weiß bereift, gelbes Fleisch, saftig, süß und würzig; erhitzt sehr sauer
4 'Ersinger'	Frühzwetsche	3, 10	E7–A8	mittelgroße bis große Früchte, dunkelviolett, hellblau bereift, grünlichgelbes Fleisch, saftig, würzig und schwach süß; erhitzt süß
5 'Große Grüne'	Reneklode	1, 2, 3, 6, 7, 9, 11, 12	E8–M9	sehr große Früchte, grünlichgelb, grünlichgelbes Fleisch, sehr saftreich, schwach säuerlich, sehr süß; erhitzt mäßig säuerlich
6 'Hauszwetsche'	Zwetsche	selbstfruchtbar	A9–M10	mittelgroße bis große Früchte, dunkelviolett, weißblau bereift, goldgelbes Fleisch, mäßiger Saftgehalt, süß mit ausgeprägtem Zwetschenaroma; erhitzt meist saurer
7 'Italienische Zwetsche'	Zwetsche	selbstfruchtbar	A–E9	mittelgroße bis große Früchte, dunkelblau-violett, stark hellblau bereift, gelblichgrünes bis bräunlichgelbes Fleisch; erhitzt nicht saurer
8 'Kirkes Pflaume'	Pflaume	1, 9, 12, 16	A–E9	große Früchte, dunkelviolett, hellblau bereift, gelbliches Fleisch, süß bis schwach säuerlich, würzig; erhitzt saurer
9 'Königin Viktoria'	Pflaume	selbstfruchtbar	E8–A9	große Früchte, weinrot, gelb- bis hellorangefarbenes Fleisch, sehr saftig, süß-sauer, Schale sauer; zum Erhitzen abziehen
10 'Lützelsachser'	Frühzwetsche	2, 3, 4, 13, 16	M7–A8	kleine bis mittelgroße Früchte, dunkelviolett, bläulichweiß bereift, hellgrünes bis dottergelbes Fleisch, saftig, süßsäuerlich; erhitzt unverändert
11 'Nancy Mirabelle'	Mirabelle	selbstfruchtbar	M8–A9	kleine Früchte, hell- bis goldgelb, goldgelbes Fleisch, mäßig saftig, würzig süß, typischer Mirabellengeschmack; auf uneingeeignetem Standort oder früh gepflückt fade; erhitzt aromatisch

Sorte	Obstart	Befruchter- sorten	Reifezeit	Bemerkungen
12 'Quilins Reneklode'	Reneklode	selbst- fruchtbar	8	mittelgroße, rundliche Früchte, gelb, saftiges, süß-aromatisches Fleisch
13 'Ruth Gerstetter'	Pflaume	4, 10, 16	7	mittelgroße Früchte, dunkelblau, gelbes Fruchtfleisch, saftig, schmeckt frisch sehr gut
14 'Stanley'	Pflaume	selbst- fruchtbar	A9–A10	mittelgroße bis große Früchte, dunkelviolett bis schwarzblau, hell bereift, grünlichgelb bis rötlichgelb, saftig, würzig süß mit schwacher Säure
15 'Wangenheims'	Frühzwetsche	selbst- fruchtbar	M8–M9	kleine bis mittelgroße Früchte, dunkel- violettblau, hellblau bereift, grünlich- gelbes bis goldgelbes Fleisch, saftig, würzig süß-säuerlich; erhitzt saurer
16 'Zimmers'	Zwetsche	3, 6, 7, 12	E7–M8	kleine bis mittelgroße Früchte, dunkel- blau, hellviolett bereift, goldgelbes Fleisch, saftig, aromatisch süß-säuer- lich

Schädlings- und Krankheitsabwehr bei Steinobst

Ganz allgemein tut auch dem Steinobst die Pflege gut, die für das Kernobst beschrie- ben ist. Dadurch treten viele Schäden erst gar nicht auf, so daß sie im naturnah gepflegten Garten oft gänzlich unbekannt sind.

Natürlich müssen die Zeiten für die ver- schiedenen Behandlungen auf die Wachs- tumsstadien der einzelnen Steinobstarten abgestimmt werden, deshalb ist es nicht möglich, die Spritzungen für alle Obstarten gleichzeitig vorzunehmen. Lediglich die Preicobakt-Behandlung kann für alle Obstarten zur gleichen Zeit erfolgen.

Manche Steinobstarten und auch einige Sorten sind für Schädlinge und Krankheiten nicht anfällig, beispielsweise die Nancymi- rabelle. Trotzdem sollte man zur Pflanzen- stärkung einige grundlegende Maßnah- men durchführen. Größere Erträge und aromatischere Früchte lohnen die Mühe. Deshalb sollten alle Steinobstarten ge-

mulcht werden, im Herbst und Frühjahr eine Hornmistspritzung erhalten und Horn- kieselspritzungen im Ballonstadium der Blüten, während der Fruchtreife und gleich nach der Ernte. Im Herbst und Frühjahr ist ein Stammanstrich mit Preicobakt sinnvoll und außerdem je eine Kronenspritzung nach dem Blattfall im Herbst und vor dem Austrieb im zeitigen Frühjahr.

Es gibt einige für bestimmte Steinobst- arten typische Schäden, bei denen man die biologische Behandlung kennen muß, falls sie einmal nötig wird, denn man darf nicht vergessen, daß die Luftverschmutzung auch den biologischen Garten nicht aus- spart.

Das bereits 1984 festgestellte Obstbaum- sterben wird durch die Hornmist- und Hornkieselspritzungen bisher weitgehend vermieden, wenn nicht grundlegende Feh- ler im Anbau gemacht worden sind. Das gilt sowohl für Stein- als auch für Kernobst.

Ein weiteres Mittel für Obstbäume, das von dem homöopathischen Tierarzt Dr. Schell entwickelt wurde und gegen Umweltschä- den bei Obstbäumen, Nadel- und Laubbäu- men hervorragende Wirkungen zeigt, ist das homöopathische Pflegemittel Eusilva I

und II. Es wird während der Vegetationsperiode mehrmals auf den Boden um die Bäume, in verschwindend kleinen Mengen in Wasser verrührt, gegossen.
Für arttypische Schäden gelten folgende Behandlungen:

Spezialbehandlungen für Steinobst

Gummifluß kommt nur bei Steinobst und vor allem bei Kirschen vor. Aus dem Holz (Bast) treten gelb- bis rotbraune, zähflüssige Säfte aus. Gummifluß kann verschiedene Ursachen haben: Kalk- oder Luftmangel im Boden, Staunässe, Stickstoffüberschuß, Frostschäden, starke Verwundungen. Diese Ursachen müssen zunächst behoben werden.

Gummifluß am Stamm einer Süßkirsche

Frostrisse und Wunden müssen gut ausgeschnitten und mit Preicobakt-Brei verschmiert werden, der mit Kamillentee angerührt wurde. Nach 20 Tagen wäscht man die Wunde aus und schmiert sie mit Baumwachs zu.
Weitere Maßnahmen: Roten Fingerhut unter den Baum pflanzen.

2 TL des biologisch-dynamischen Eichenrindenpräparates in 2 l Wasser verrühren, 24 Stunden stehenlassen und 1 : 1 verdünnt auf den Kronentraufenbereich gießen.
Die glänzendschwarzen **Kirschenblattläuse** sitzen an den Unterseiten der Blätter, besonders auf Jungbäumen und an frischen Triebspitzen. Es kommt zu Wachstumsstörungen. Die Nützlinge Marienkäfer und ihre Larven, Florfliegenlarven, Schwebfliegenlarven, Schlupfwespen, Raubmilben, Raubwanzen, Ohrwürmer und Vögel sind ihre natürlichen Feinde, die zu schonen sind.
Für Ohrwürmer hängt man mit Holzwolle gefüllte Blumentöpfe umgekehrt in die Baumkronen. Darin verstecken sich die Ohrwürmer tagsüber, damit sie nicht von Vögeln gefressen werden. Nachts gehen sie auf Beutezug und vertilgen Mengen von Blattläusen. Die Holzwolle im Blumentopf muß gut befestigt werden, damit die Vögel sie nicht herauszupfen.
Durch die klebrigen Honigtauausscheidungen der Kirschenblattläuse werden Ameisen anzogen. Sie verschleppen die Blattläuse zu anderen Trieben. Außerdem entwickeln sich schwarze Rußtaupilze auf den klebrigen Ausscheidungen.
Ein schwacher Befall mit Kirschenblattläusen ist oft schon durch Auflockern der Baumscheibe (Vorsicht, flache Wurzeln!) und gründliches Wässern zu beheben.
Ebenso kann ein starker Kaltwasserstrahl bei Sonnenschein zur Mittagszeit helfen.
Auch Gießen der Baumscheibe und Sprühen des Baumes um 1 m über die Kronentraufe hinaus mit Brennesseljauche (1 : 10 mit Wasser verdünnen) hat sich bewährt. Außerdem hilft die Untersaat mit Brennesselsamen.
Das Stäuben mit Algomin oder CP-Mineralpulver vertreibt Blattläuse und Ameisen.
Bei starkem Befall muß man zu einem Mittel auf Pyrethrum-Basis greifen. Es schadet leider auch Bienen, Schwebfliegen und anderen kleinen Nutzinsekten, aber nicht Säugetieren und Menschen.
Kirschfruchtfliegen schlüpfen Mitte Mai bis Juli, deshalb hängt man, bevor diese

Schadinsekten zu fliegen beginnen, gelbe Kirschenfrucht-Fliegenfallen in die Baumkronen von Süßkirschen. An diesen Fallen bleiben die Tiere, die von der gelben Farbe angezogen werden, hängen und können keinen Schaden mehr anrichten. Ihre Maden fressen sonst das Fruchtfleisch um den Kirschkern und die Kirsche bekommt einen widerlichen Geschmack.

Die **Kräuselkrankheit bei Pfirsichen** wird von einem Pilz hervorgerufen, der an der Oberfläche der Rinde überwintert. Von hier aus befällt er im Frühjahr austreibende Blätter, diese kräuseln und verfärben sich und fallen schließlich ab.

Die bereits angegebenen Spritzungen verhindern die Krankheit. Zusätzlich stößt man im Herbst mit einem Harkenstiel 10–12 Löcher im Bereich der Kronentraufe um den Baum, füllt sie mit Basaltmehl und gießt Schachtelhalmjauche hinein. Über die Mulchschicht streut man 2 kg Algenmehl.

Monilia wird durch einen Pilz verursacht, der die Leitungsbahnen im Pflanzengewebe blockiert. Dadurch wird vor allem bei Sauerkirschen und Aprikosen, seltener beim Pfirsich ein Absterben der Triebspitzen verursacht, die sogenannte Spitzendürre.

Die Ursache ist eine Konstitutionsschwäche der Pflanze. Bei der Durchführung aller angegebenen Pflegemaßnahmen ist Monilia unwahrscheinlich.

Vorbeugend muß zu dichter Fruchtbesatz ausgedünnt werden. Außerdem kann man Meerrettich auf die Baumscheiben pflanzen.

Bei Befall im Vorjahr entfernt man im Herbst verdorrte Äste und Fruchtmumien, spritzt Meerrettichblätter- und -wurzeltee in die Blüte und sprüht anschließend jede Woche einmal Schachtelhalmjauche oder Equisan.

Pflaumenrost, der Zwetschen und Pflaumen, seltener Aprikosen und Pfirsiche befällt, wird wie Säulenrost bei Johannisbeeren behandelt (siehe Seite 83).

Pflaumenwickler sind Kleinschmetterlinge, die bei warmem Wetter in der Morgendämmerung von Mai bis August fliegen und ihre Eier an den Früchten ablegen. Ihre Raupen fressen sich ins Fruchtinnere. Die Früchte verfärben sich und fallen ab. Es werden dieselben Spritzungen wie gegen den Apfelwickler durchgeführt (siehe Seite 107 unter 8. Obstmadenspritzung).

Sägewespen fliegen Pflaumen-, Zwetschen- und Mirabellenbäume an, wenn sie in voller Blüte stehen. Die schlüpfenden Larven befallen eine oder mehrere Früchte und fressen das Fruchtfleisch.

Unmittelbar nach dem Abfall der Blütenblätter muß mit CP-Mineralpulver, das man mit Rainfarn- oder Wermuttee anrührt, gespritzt werden.

Schildläuse befallen vor allem Zwetschen, Aprikosen und Pfirsiche. Dabei werden durch Saftentzug Wachstumsstörungen verursacht.

Die Pflanzen müssen durch Spritzungen mit Hornmist, Hornkiesel, Schachtelhalmjauche und Preicobakt gestärkt werden.

Bei Befall wird dem Preicobakt-Stammanstrich und der -Spritzlösung Wurmfarnauszug (5 g getrocknetes Kraut auf ½ l Wasser) hinzugefügt. Die Krusten mit den Schilden und Eiern der Läuse werden vor dem Stammanstrich mit einer Drahtbürste vom Stamm abgebürstet.

Schrotschuß wird durch einen Pilz verursacht, der auf abgestorbenen Pflanzen überwintert. Die Sommersporen, die der Verbreitung dienen, setzen sich vor allem auf den Blattunterseiten von Kirsch-, Pflaumen- und Pfirsichbäumen fest und rufen dort runde, rötliche Flecken hervor, die eintrocknen und zu Löchern werden, so als hätte man die Blätter mit Schrot durchschossen. Feuchtigkeit begünstigt den Befall.

Vorbeugende Spritzungen mit Hornmist, Hornkiesel und CP-Mineralpulver schaffen ein trockenes, durchlichtetes Milieu, das von den Pilzen gemieden wird. Zusätzlich können die Baumscheiben noch mit Zwiebeln und Knoblauch bepflanzt werden.

Bei Befall sind Blätter und Triebspitzen zu entfernen.

Bezugsquellen in alphabetischer Reihenfolge

Abtei Fulda
  Nonnengasse 16, D-6400 Fulda
Wilhelm Alms
  Offenbacher Landstr. 377, D-6000 Frankfurt 70
  (0 69) 65 10 97
Baumschule Appel
  Brandschneise 1, D-6100 Darmstadt
  (0 61 55) 40 81
Bio-Agrar, Hermann Tränkle
  Probststr. 41, D-7505 Ettlingen
  (0 72 32) 1 40 95
Der Blühende Garten
  Mühlstr. 39–43, D-7065 Winterbach
  (0 71 81) 70 81
Bodenlabor Dr. Balzer
  Oberer Ellenberg, D-3551 Amönau
  (0 64 23) 74 83
Cohrs GmbH
  Postfach 1165, D-2720 Rotenburg/Wümme
  (0 42 61) 31 06
Corna Werk
Wölper GmbH und Co.
  Erbacher Str. 41, Postfach 42 67,
  D-7900 Ulm-Donautal
  (07 31) 4 30 49 (Oscorna)
Fritz Dietrich
  D-6082 Mörfelden
  (0 61 05) 2 25 67
Ludwig Engelhart
  Sylvensteinstr. 14, D-8000 München 70
  (0 89) 76 40 02
Erde und Kosmos
  D-7869 Schönau
  (0 76 73) 74 13
Florahof Baumschulen
  Obere Grabenstr. 46, D-7315 Weilheim
  (0 70 23) 60 49
Forschungskreis für Geobiologie e. V.
  Adolf-Knecht-Str. 25, D-6930 Eberbach
  (0 62 71) 22 11, (0 62 74) 68 68
Geisenheimer Baumschule
  Postfach 12 50, D-6222 Geisenheim/Rhein
Heinrich Gerhardt
  Schlesierstr. 16, D-3387 Vienenburg 2

Hauri KG
  Sonnenhalde 6, D-7805 Bötzingen
  (0 76 63) 10 51/52/53
Institut für biologisch-dynamische Forschung
  Brandschneise 5, D-6100 Darmstadt
  (0 61 55) 26 72
Bio- und Gartenmarkt Keller, Inh. Albert Kiefer
  Konradstr. 17, D-7800 Freiburg
Kneussle Baumschulen KG
  Postfach 76, D-7968 Saulgau-Krumbach
  (0 75 81) 30 15–17
  D-5427 Denzerheide über Bad Ems
  (0 26 03) 1 30 05–6
Lause KG
  Roter Kamp 27, Postfach 11 63,
  D-2116 Hanstedt
Ledax-Gartenbausystem, Ledona-Vertrieb
  D-7967 Bad Waldsee
Mahle Dünger GmbH
  Postfach 27 24, D-7100 Heilbronn
  (0 71 31) 1 08 68 (Kama)
E. Merck
  D-6100 Darmstadt
  (0 61 51) 7 20
Mikrobiologisches Laboratorium
  D-6348 Herborn
  (0 27 72) 25 26
W. Neudorff GmbH KG
  Postfach 12 09, D-3254 Emmerthal
Pötschke
  Postfach 22 20, D-4044 Kaarst 2
Renz Nachf. GmbH & Co. KG
  D-6364 Florstadt 5
  (0 60 41) 2 30
Horst Richter
  Zellerstr. 51, D-7311 Ohmden/Teck
Carl Sperling und Co.
  Postfach 26 40, D-2120 Lüneburg
Supra-Cell GmbH
  Schwanenstr. 13, D-7580 Bühl
  (0 72 23) 2 36 58
Theo Tacke
  Borkener Str. 40, D-4280 Borken 2-Burlo
  (0 28 62) 33 50
Tetra-Werk
  Postfach 15 80, D-4520 Melle
  (0 54 22) 10 51
Maria Thun Verlag, Aussaattage
  Postfach 14 46, D-3560 Biedenkopf
Tilco Biochemie GmbH
  Postfach 70 04 30, D-7000 Stuttgart
  (07 11) 80 00 76
Varley GmbH
  In der Au 1, D-7851 Inzlingen
  (0 76 21) 8 20 00
  Maulbeerstr. 15, CH-4058 Basel
  (0 61) 26 68 68
Verein für Pflanzenzucht e. V., Forstbaumschule
  Friesenhofen-Bahnhof, D-7970 Leutkirch 3
Versand Baumschule, Rudi Hartmann
  Postfach 15 03, D-2080 Pinneberg

Bezugs-quellen-Sach-verzeichnis

Baumschulen
Alms, Appel, Dietrich, Florahof, Geisenheimer, Kneussle, Renz, Verein für Pflanzenzucht e. V., Versand Baumschule R. Hartmann

Bewässerung
Biosmon:
Cohrs, Keller, Reformhäuser

Bewurzelungsförderung
Alginure-Bodengranulat, Alginure-Quellperlen, Alginure-Wurzel-Dip
(alle 3 gegen Wurzelverbrennungen und Verpflanzschock):
Tilco Biochemie
Hornmistpräparat Nr. 500:
Institut für biol.-dyn. Forschung
Ledax-mikrob:
Ledax
Oscorna-Wurzelstärkung:
Corna-Werk

Bodenstabilisierung (Bodendurchlüftung und -verbesserung der Wasserhaltefähigkeit)
Alginure-Bodengranulat, Alginure-Quellperlen
(beide gegen stauende Nässe, Verschlämmung und Verkrustung, Erosion; Bodentiefenlockerung):
Tilco Biochemie
Biofort L (erhöht die Wasserspeicherfähigkeit leichterer Böden):
Keller, Neudorff
Biofort S (zur Durchlüftung schwerer Böden):
Keller, Neudorff
Eusilva I + II:
Supra-Cell
Granosal A + B:
Supra-Cell
Hornmistpräparat Nr. 500, Hornkieselpräparat Nr. 501
(beide zur Bodentiefenlockerung):
Institut für biologisch-dynamische Forschung

Bodenuntersuchungen
Bodentester:
Cohrs, Keller, Lause, Merck, Neudorff, Pötschke

Bodenthermometer:
Keller
Bodenuntersuchungsstellen:
Bodenlabor Dr. Balzer
Kalkprüfer (Calcitest):
Cohrs, Keller, Neudorff, Richter
Pehameter:
Keller
pH-Meß-Stäbchen:
Cohrs

Geologische Untersuchungen
Forschungskreis für Geobiologie

Gesundung für säuregeschädigte Gehölze
Cohrs-Säure-Stop:
Cohrs
Eusilva I + II:
Supra-Cell
Granosal A + B:
Supra-Cell
Tackes Baumhilfe:
Tacke

Gründüngungssamen
Cohrs, Keller, Richter, Sperling

Häcksler
mit Zapfwellenantrieb
Keller
mit Elektro- und Benzinmotor
Keller, Neudorff, Tilco Biochemie, Varley

Kalender
Aussaattage:
Cohrs, Maria Thun Verlag
Mondkalender:
Erde und Kosmos, Heinrich Gerhardt

Kompostiermittel
Alginure Kompostpulver, Kompostpaste, Kompost-Fix:
Engelhart, Tilco Biochemie
Bio-Komposter:
Keller, Neudorff
Cohrs-Kompost-Starter:
Cohrs, Keller, Richter
Edafil:
Tetra-Werk
Eokomit:
Der Blühende Garten, Keller, Tilco Biochemie
Fertosan:
Varley
Humofix:
Abtei Fulda, Keller
Kompostierpräparate 502–507:
Institut für biologisch-dynamische Forschung
Ledax-Kompost:
Ledax

Oscorna-Kompostbeschleuniger:
  Corna-Werk, Keller
Radivit (Flächenkomposter):
  Keller, Neudorff
Symbioflor:
  Mikrobiologisches Laboratorium

Mineralische Dünger

Algomin (Korallalgenkalk):
  Bio-Agrar, Der Blühende Garten, Cohrs, Engelhart,
  Keller
Basaltmehl:
  Engelhart
Biofort L (für leichte Böden),
Biofort S (für schwere Böden):
  Keller, Neudorff
Cohrs-Bentonit:
  Cohrs, Keller, Neudorff, Richter
Eifelgold (Lavamehl):
  Cohrs, Keller
Lava-Granulat:
  Cohrs
Ledax pro Sol (für trockene Böden),
Ledax pro Ton (für feuchte Böden):
  Ledax
Luzian-Steinmehl:
  Cohrs, Keller, Richter
Orgamin:
  Mahle (Kama)
Urgesteinsmehl:
  Neudorff
Vulkangesteinsmehl:
  Der Blühende Garten, Hauri, Keller

Mischdünger

Ecovital (Horn-, Knochen-, Blut-, Algen-, Stein-, Ton-
  mehl, Korallalgenkalk, Kräuter)
Ecovital-S (wie oben, aber ohne Kalk):
  Cohrs, Keller, Richter
Heco-Organ (vollorganischer NP-Dünger):
  Richter
Kutomin (2/3 Kuhdung, Bentonit, Algomin u. a.):
  Keller
Oscorna-Dünger:
  Corna-Werk, Keller

Obstbaumpflege

Bio-Baumanstrich (Preicobakt):
  Cohrs, Engelhart, Keller
Cohrs-Nab-Plus-Mischung
  (Spritzpulver gegen Gallmilben und Schorfbefall an
  Obstbäumen):
  Cohrs
Felco-Scheren (Schweizer Fabrikat für alle
  gärtnerischen Schnittarbeiten):
  Cohrs
Kirschfruchtfliegenfalle:
  Keller, Neudorff

Ledax-stamm (für Stammanstrich u. Winter-
  spritzung):
  Ledax
Pflanzenpflegeseife (zur besseren Haftfähigkeit aller
  Spritzbrühen):
  Cohrs
Promanal (Weißöl, Frühjahrsspritzmittel gegen über-
  winternde Schadinsekten u. Schildläuse):
  Cohrs, Keller, Richter
Quassia-Holz (biolog. Spritzmittel gegen Sägewespe
  u. andere Schädlinge):
  Keller
Quast (zum Anstreichen von Preicobakt):
  Cohrs, Keller, Richter
Rindenreiniger:
  Cohrs
Wundwachs, Baumwachs:
  Neudorff

Pflanzliche Dünger und Pflanzenpflege-mittel

Algifert (als Pulver und flüssig, Blattdüngung):
  Cohrs, Engelhart, Keller, Richter
Alginure Schutzspray (gegen Welke und Blatt-
  verdunstung:)
  Engelhart, Tilco Biochemie
Artanax S (auf Phytonzid-Basis, wachstums-
  fördernd, vorbeugend gegen Pilzkrankheiten und
  Schadinsekten):
  Cohrs, Engelhart, Keller, Richter
Baldrianblütenextrakt (blütenfördernd, gegen Frost-
  schäden, Anregung des Bodenlebens):
  Cohrs, Keller, Richter
Buchenholzkohlengries (kalireich, pilzhemmend):
  Cohrs, Engelhart, Keller, Richter
Cohrs-Brennesselpulver:
  Cohrs, Engelhart, Keller, Richter
Cohrs-Pflanzenkräftiger:
  Cohrs
Cohrs-Schachtelhalmpulver:
  Cohrs, Keller, Richter
Equisan (auf Schachtelhalmbasis, vorbeugend gegen
  Pilzkrankheiten):
  Cohrs
Hornkieselpräparat Nr. 501 (Verstärkung der Blatt-,
  Blüten- und Früchtereifungsprozesse):
  Institut für biologisch-dynamische Forschung
Ledax-Wuchs:
  Ledax
Meeresalgendünger, Meerwunder:
  Cohrs, Engelhart, Keller, Neudorff (Algan)
Rizinusschrot (NPK-Dünger):
  Der Blühende Garten, Cohrs, Keller, Richter

Zur Abwehr von Schädlingen und Pflanzen-krankheiten

CP-Mineralpulver:
  Cohrs

Cohrs-Erdbeerpflegemittel (gegen Fruchtfäule
und Grauschimmel):
Cohrs
Equisan:
Cohrs
Ledax-insekt (Pyrethrum):
Ledax
Myctan (Kräuterextrakte, Kieselsäure und Kalk):
Keller, Neudorff
Nab-plus (gegen Gallmilben und Schorf):
Cohrs
Oscorna Insektenschutz (Pyrethrum):
Corna-Werk
Preicobakt (schützt Obstbäume vor Frostschäden
und Schadinsekten):
Cohrs
Promanal (Winterspritzmittel gegen Schadinsekten):
Keller, Neudorff
Spruzit (Pyrethrum flüssig, als Spray und Staub):
Cohrs, Keller, Neudorff, Richter

Thermokomposter, Kompostsilos und -säcke

Der Blühende Garten, Keller, Varley,
Neudorff, Tilco Biochemie

Tierische Dünger

Blutmehl:
Engelhart, Keller
Calif. Trocken-Rinderdung:
Keller, Richter
Cuxin 90 (kompostierter Hühnerdung):
Keller
Horngries:
Keller, Mahle (Kama)

Hornmehl:
Cohrs, Engelhart, Keller, Mahle
Orgahum:
Mahle (Kama)
Oscorna-Animalin:
Corna-Werk
Peru-Guano:
Keller
Spezial-Mist-Kompost:
Kimmerle, Richter
Stallatico (kompostierter Schaf-, Pferde- und
Rinderdung):
Bio-Agrar, Cohrs, Keller, Richter

Vlies

Agryl P 17
im Fachhandel

Vogelschutz

Nistkästen
Keller

Wasserverbesserung

Keller, Reformhäuser

Werkzeuge für den Obstbau

„Baumgiraffe" (Obstpflücker)
mit Teleskopstange, Baumsäge und
Zweigabschneider
Der Blühende Garten
Felco-Schere
Cohrs
Sauzahn (für die Tiefenlockerung)
Cohrs, Keller, Richter

Register

(Unser Tip)

So wird mein Garten zum Biogarten
Alles über die Umstellung auf naturgemäßen Anbau
(0706) Von Ingrid Gabriel, 128 Seiten,
73 Farbfotos, 54 Farbzeichnungen, kartoniert,
DM 14,80, S 119,–

Gesunde Pflanzen im Biogarten
Biologische Maßnahmen bei Schädlingsbefall
und Pflanzenkrankheiten
(0707) Von Ingrid Gabriel, 128 Seiten,
126 Farbfotos, 12 Zeichnungen, kartoniert,
DM 14,80, S 119,–

Kosmische Einflüsse auf unsere Gartenpflanzen
Sterne beeinflussen Wachstum und Gesundheit
der Pflanzen
(0708) Von Ingrid Gabriel, 112 Seiten, 57 Farbfotos,
43 Farbzeichnungen, kartoniert, **DM 14,80,** S 119,–

Neuanlage eines Biogartens
Planung, Bodenvorbereitung, Gestaltung
(0721) Von Ingrid Gabriel, 128 Seiten,
73 Farbfotos, 39 Farbzeichnungen,
kartoniert, **DM 14,80,** S 119,–

Falls durch besondere Umstände Preisänderungen notwendig werden, erfolgt Auftragserledigung zu dem bei der Lieferung gültigen Preis